新时代
调查研究之道

XINSHIDAI
DIAOCHA YANJIU ZHIDAO

中共中央党校(国家行政学院)科研部　著

人民出版社

目　录
CONTENTS

中办印发

《关于在全党大兴调查研究的工作方案》

新华社北京 3 月 19 日电 近日，中共中央办公厅印发了《关于在全党大兴调查研究的工作方案》，并发出通知，要求各地区各部门结合实际认真贯彻落实。

《关于在全党大兴调查研究的工作方案》全文如下。

为深入学习贯彻习近平新时代中国特色社会主义思想，全面贯彻落实党的二十大精神，党中央决定，在全党大兴调查研究，作为在全党开展的主题教育的重要内容，推动全面建设社会主义现代化国家开好局起好步。现制定如下工作方案。

一、重要意义

调查研究是我们党的传家宝。党的十八大以来，以习近平同志为核心的党中央高度重视调查研究工作，习近平总书记强调指出，调查研究是谋事之基、成事之道，没有调查就没有发言权，没有调查就没有决策权；正确的决策离不开调查研究，正确的贯彻落实同样也离不开调查研究；调查研究是获得真知灼见的源头活水，是做好工作的基本功；要在全党大兴调查研究之风。习近平总书记这些重要指示，深刻阐明了调查研究的极端重要性，为全党大兴调查研究、做好各项工作提供了根本遵循。

当前，我国发展面临新的战略机遇、新的战略任务、新的战略阶段、新的战略要求、新的战略环境。世界百年未有之大变局加速演进，不确定、难预料因素增多，国内改革发展稳定面临不少深层次矛盾躲不开、绕不过，各种风险挑战、困难问题比以往更加严峻复杂，迫切需要通过调查研究把握事物的本质和规律，找到破解难题的办法和路径。在全党大兴调查研究，是深入学习贯彻习近平新时代中国特色社会主义思想、感悟这一重要思想的真理力量和实践伟力的必然要求，是深刻领悟"两个确立"的决定性意义、坚决做到"两个维护"的具体实践，是应对新时代新征程前进路上的风浪考验、推进中国式现代化的有力举措，是时刻保持解决大党独有难题的清醒和坚定、回答"六个如何始终"的现实需要，是转变工作作风、密切联系群众、提高履职本领、强化责任担当的有效途径。

二、总体要求

在全党大兴调查研究，要坚持以习近平新时代中国特色社会主义思想为指导，全面贯彻落实党的二十大精神，紧紧围绕党的理论和路线方针政策、党中央重大决策部署的贯彻执行，大力弘扬党的光荣传统和优良作风，突出问题导向和目标导向，促进广大党员、干部特别是领导干部带头深入调查研究，不断深化对党的创新理论的认识和把握，善于运用党的创新理论研究新情况、解决新问题、总结新经验、探索新规律，扑下身子干实事、谋实招、求实效，使调查研究工作同中心工作和决策需要紧密结合起来，更好为科学决策服务，为提高党的执政能力和领导水平服务，为完成新时代新征程的使命任务服务。

在全党大兴调查研究，必须坚持党的群众路线，从群众中来、到群众中去，增进同人民群众的感情，真诚倾听群众呼声、真实反映群众愿望、真情关心群众疾苦，自觉向群众学习、向实践学习，从人民的创造性实践中获得正确认识，把党的正确主张变为群众的自觉行动。必须坚持实事求是，坚守党性原则，一切从实际出发，理论联系实际，听真话、察实情，坚持真理、修正错误，有一是一、有二是二，既报喜又报忧，不唯书、不唯上、只唯实。必须坚持问题导向，增强问题意识，敢于正视问题、善于发现问题，以解决问题为根本目的，真正把情况摸清、把问题找准、把对策提实，不断提出真正解决问题的新思路新办法。必须坚持攻坚克难，发扬斗争精神，增强斗争本领，勇于涉险滩、破难题，知难而进、迎难而上，把调查研究成果转化为推进工作、战胜困难的实际成效。必须坚持系统观念，深入实际、深入基层、深入群众调查了解情况，把握好全局和局部、当前和长远、宏观和微观、主要矛盾和次要矛盾、特殊和一般的关系，前瞻性思考、全局性谋划、整体性推进党和国家各项事业。

三、调研内容

在全党大兴调查研究，要紧紧围绕全面贯彻落实党的二十大精神、推动高质量发展，直奔问题去，实行问题大梳理、难题大排查，着力打通贯彻执行中的堵点淤点难点。各级党委（党组）要立足职能职责，围绕做好事关全局的战略性调研、破解复杂难题的对策性调研、新时代新情况的前瞻性调研、重大工作项目的跟踪性调研、典型案例的解剖式调研、推动落实的督查式调研，突出重点、直击要害，结合实际确定调研内容。主要是 12 个方面。

1. 贯彻落实党中央决策部署和习近平总书记对本地区本部门本领域工作重要指示批示精神的主要情况和重点问题。

2. 贯彻新发展理念、构建新发展格局、推动高质量发展中的重大问题，推进高水平科技自立自强，扩大国内需求、深化供给侧结构性改革、建设现代化产业体系、落实"两个毫不动摇"、吸引和利用外资，全面推进乡村振兴中的主要情况和重点问题。

3. 统筹发展和安全，确保粮食、能源、产业链供应链、生产、食品药品、公共卫生等安全，防范化解重大经济金融风险中的主要情况和重点问题。

4. 全面深化改革开放中的重大问题，重要领域和关键环节改革、推进高水平对外开放中的主要情况和重点问题。

5. 全面依法治国中的重大问题，完善中国特色社会主义法律体系、推进依法行政、严格公正司法、建设法治社会等主要情况和重点问题。

6. 意识形态领域面临的挑战，推进文化自信自强、建设社会主义文化强国和新闻舆论引导、网络综合治理中的主要情况和重点问题。

7. 推进共同富裕、增进民生福祉中的重大问题，巩固拓展脱贫攻坚成果、缩小城乡区域发展差距和收入分配差距的主要情况和重点问题。

8.人民最关心最直接最现实的利益问题，特别是就业、教育、医疗、托育、养老、住房等群众急难愁盼的具体问题。

9.牢固树立和践行绿水青山就是金山银山理念方面的差距和不足，推进美丽中国建设、保护生态环境和维护生态安全中的主要情况和重点问题。

10.维护社会稳定中的重大问题，防灾减灾救灾和重大突发公共事件处置保障短板，处理新形势下人民内部矛盾和强化社会治安整体防控的主要情况和重点问题。

11.全面从严治党中的重大问题，落实党的领导弱化虚化淡化、党组织政治功能和组织功能不够强，干事创业精气神不足、不担当不作为，应对"黑天鹅"、"灰犀牛"事件和防范化解风险能力不强，形式主义、官僚主义，特权思想和特权行为等重点问题。

12.本地区本部门本单位长期未解决的老大难问题。

四、方法步骤

在全党大兴调查研究，分为 6 个步骤。

（一）提高认识。各级党委（党组）要通过理论学习中心组学习、读书班等，组织党员、干部深入学习领会习近平总书记关于调查研究的重要论述，学习习近平总书记关于本地区本部门本领域的重要讲话和重要指示批示精神，继承和发扬老一辈革命家深入基层调查研究的优良作风，增强做好调查研究的思想自觉、政治自觉、行动自觉。

（二）制定方案。各级党委（党组）要围绕调研内容，结合本地区本部门本单位实际，广泛听取各方面意见，研究制定调查研究的具体方案，明确调研的项目课题、方式方法和工作要求等，统筹安排、合理确定调研的时间、地点、人员。党委（党组）主要负责同志要亲自主持制定方案。

（三）开展调研。县处级以上领导班子成员每人牵头1个课题开展调研，同时，针对相关领域或工作中最突出的难点问题进行专项调研。要坚持因地制宜，综合运用座谈访谈、随机走访、问卷调查、专家调查、抽样调查、统计分析等方式，充分运用互联网、大数据等现代信息技术开展调查研究，提高科学性和实效性。要深入农村、社区、企业、医院、学校、新经济组织、新社会组织等基层单位，掌握实情、把脉问诊，问计于群众、问计于实践。要转换角色、走进群众，了解群众的烦心事操心事揪心事，发现和查找工作中的差距不足。要结合典型案例，分析问题、剖析原因，举一反三采取改进措施。要加强督查调研，检查工作是否真正落实、问题是否真正解决。

（四）深化研究。全面梳理汇总调研情况，运用习近平新时代中国特色社会主义思想的世界观、方法论和贯穿其中的立场观点方法，进行深入分析、充分论证和科学决策。特别是对那些具有普遍性和制度性的问题、涉及改革发展稳定的深层次关键性问题，以及难题积案和顽瘴痼疾等，要研究透彻、找准根源和症结。在此基础上，领导班子交流调研情况，研究对策措施，形成解决问题、促进工作的思路办法和政策举措，确保每个问题都有务实管用的破解之策。

（五）解决问题。对调研中反映和发现的问题，逐一梳理形成问题清单、责任清单、任务清单，逐一列出解决措施、责任单位、责任人和完成时限。对短期能够解决的，立行立改、马上就办。对一时难以解决、需要持续推进的，明确目标，紧盯不放，一抓到底，做到问题不解决不松劲、解决不彻底不放手。

（六）督查回访。各级党委（党组）要建立调研成果转化运用清单，加强对调研课题完成情况、问题解决情况的督查督办和跟踪问效；领导干部要定期对调研对象和解决问题等事项进行回访，注意发现和解决新的问题。

五、工作要求

（一）加强组织领导。各级党委（党组）要高度重视调查研究工作，作出专门部署，科学精准做好方案设计、过程实施、监督问效等各个环节工作。党委（党组）主要负责同志负总责，抓好本地区本部门本单位调查研究的推进落实；班子其他成员各负其责，抓好分管领域和分管单位的调查研究工作。领导干部要带头开展调查研究，改进调研方法，以上率下、作出示范。

（二）严明工作纪律。调查研究要严格执行中央八项规定及其实施细则精神，轻车简从，厉行节约，不搞层层陪同。要采取"四不两直"方式，多到困难多、群众意见集中、工作打不开局面的地方和单位开展调研，防止嫌贫爱富式调研。要加强调研统筹，避免扎堆调研、多头调研、重复调研，不增加基层负担。要力戒形式主义、官僚主义，不搞作秀式、盆景式和蜻蜓点水式调研，防止走过场、不深入。要在调查的基础上深化研究，防止调查多研究少、情况多分析少，提出的对策建议不解决实际问题。对违反作风建设要求和廉洁自律规定的，要依规依纪严肃问责。

（三）坚持统筹推进。对表现在基层、根子在上面的问题，对涉及多个地区或部门单位的问题，上下协同、整体推动解决。统筹当前和长远，发现总结调查研究的有效做法和成功经验，完善调查研究的长效机制，使调查研究成为党员、干部的经常性工作，在全党蔚然成风、产生实效。

（四）加大宣传力度。充分利用党报、党刊、电视台、广播电台、网络传播平台等，采取多种多样的宣传形式和手段，大力宣传大兴调查研究的重要意义和各地区各部门各单位大兴调查研究的具体举措、实际成效，凝聚起大兴调查研究的共识和力量，营造浓厚氛围。

第一章

要大兴调查研究之风

调查研究作为"谋事之基、成事之道"，既是马克思主义认识世界、改造世界的重要方法，也是中国共产党的优良传统和重要工作制度。当前，我国发展正处于不确定、难预料因素增多，各种风险挑战、困难问题比以往更加严峻复杂的时期，必须大兴调查研究，充分了解我国经济社会发展存在的矛盾和问题，研究提出相应的政策举措，才能不断推动我国经济社会发展，全面推进中国式现代化，全面推进中华民族伟大复兴。

一、开展调查研究是马克思主义的方法要求

调查研究不但是认识世界的方法，也是改造世界的方法。马克思主义是实践科学，是从活生生的社会现实出发，通过系统调查和深入研究得出结论的，注重调查研究是马克思主义的必然要求。马克思主义经典作家不仅指明了调查研究的重大意义，提出了调查研究的一般方法，而且在实践上树立了光辉典范。之所以这么说，主要有两层含义：

第一，马克思主义作为科学体系，本身就是通过马克思、恩格斯等经典作家长期不懈地开展调查研究才得以建立并日益完善的。列宁说：在马克思主义诞生以前，资产阶级学者也进行过调查研究，然而他们"至多是积累了零星收集来的未加分析的事实，描述了历史过程的个别方面。马克思主义则指出了对各种社会经济形态的产生、发展和衰落过程进行全面而周密的研究的途径，因为它考察了所有各种矛盾的趋向的总和"[①]。从某种意义上说，调查研究构成了马克思、恩格斯创立伟大理论的重要基础和基本出发点。

我们说，马克思、恩格斯早期世界观之所以能够发生转变，就缘起于他们对社会现实的观察。换言之，他们新世界观的形成，一个很重要的原因在于他们对社会实际状况的调查研究。以马克思为例来说，青年马克思在莱茵报工作时，他通过编辑报纸的形式来观察和认识现实社会，通过采访这一特殊的调查研究方式，马克思深入社会，作了广泛的社会调查。这些社会调查突出表现在马克思关于摩泽尔河沿岸农民问题的调查研究以及关于林木盗窃法的调查研究上。正如恩格斯后来所证实的："……我曾不止一次地听马克思说过，正是他对林木盗窃法和摩泽尔河沿岸地区农民状况的研究，推动他由纯政治转向经济关系，并从而走向社会主义。"[②] 马克思和恩格斯一生所从事的革命实践活动与理论创造，都是和调查研究密不可分的。马克思一贯重视调查研究工人运动实践中的各种实际情况，并且亲自动手开展调查。1843 年，马克思在巴黎的法国工人组织和德国流亡者工人组织

---

① 《列宁选集》第 2 卷，人民出版社 2012 年版，第 425 页。
② 《马克思恩格斯文集》第 10 卷，人民出版社 2009 年版，第 701 页。

中开展调查研究，他的著名的"要获得理解人类历史发展的钥匙，不应当到被黑格尔描绘为大厦之顶的国家中去寻找，而应当到黑格尔所蔑视的市民社会中去寻找"思想就是在这个时候形成的。

恩格斯曾说过，"即使只是在一个单独的历史事例上发展唯物主义的观点，也是一项要求多年冷静钻研的科学工作，因为很明显，在这里只说空话是无济于事的，只有靠大量的批判地审查过的、充分地掌握了的历史资料，才能解决这样的任务。"① 为了使共产主义学说具有无比坚实的基础，马克思、恩格斯开展了一系列调查活动。1880年 4 月，马克思为法国《社会主义评论》杂志编制了一份《工人调查表》，深入细致调查工人的劳动环境、劳动强度、工作时间、工资生活以及劳资关系状况，以深刻揭示资本主义社会的罪恶之处以及剩余价值背后的秘密。② 这应该是历史上第一个无产阶级自己制定的调查自身状况的表格。不管是就其丰富的内容而言，还是就其严谨的结构形式来说，在当时都可以说是无与伦比的，至今都堪称社会调查研究表格的范本。③

恩格斯同样非常注重对工人的调查，《英国工人阶级状况》就是恩格斯在社会调查方面的一个代表作。为了撰写这本书，恩格斯用了近两年的时间，深入曼彻斯特的工厂、贫民区，实地调查英国工人状况，通过亲身观察和亲身接触，详细了解英国无产阶级的实际处境，

---

① 《马克思恩格斯文集》第 2 卷，人民出版社 2009 年版，第 598 页。
② 邓立勋：《马克思主义与调查研究》，《湖南社会科学》1991 年第 6 期。
③ 李赪武：《马克思主义经典作家调查研究的理论与实践是中国共产党人调查研究的基础》，《甘肃行政学院学报》2004 年第 1 期。

分析他们的利益诉求，揭示了社会主义是工人阶级政治斗争的唯一目标。这种调查也有力地推动了恩格斯思想向唯物主义和科学社会主义转化。恩格斯 1888 年考察美国这个新兴的资本主义国家，以旅行之名，行"调查研究"之实，除了欣赏新大陆的自然景观外，还对美国资本主义和工人群众生活作了深入的调查研究。此次美国考察之行，极大地增进了恩格斯对美洲、对美国、对资本主义社会、对美国工人运动的认识与理解。① 此外，马克思、恩格斯在创立革命理论时，不仅重视亲身考察，而且极其重视考察历史资料和当时积累起来的调查统计资料。对于《资本论》的写作，马克思参考和摘记了多种书籍和档案文件，研究了大量的英国调查委员会和工厂巡视员所整理的调查报告和经济资料。比如，为了写作"地租"那一篇，马克思专门查阅了俄国关于土地所有权的相关资料，分析俄国的土地所有制以及农民遭受的各种剥削形式。② 马克思、恩格斯正是因为有丰富的调查研究实践，他们才能够深入研究资本主义社会形态，客观分析资本主义社会的发展规律，从而创立了科学社会主义理论。

在马克思、恩格斯之后，马克思主义要得到深化和发展，同样离不开调查研究。通过调查研究，把马克思主义普遍原理和本国具体革命实践结合起来，使之适应某一特点民族国家的具体历史条件，这是马克思主义不断得以创新发展的一条基本经验。列宁堪称这一方面的杰出代表。为了找到俄国革命走向成功的道路，列宁曾经对俄国特殊

---

① 王浩：《恩格斯 1888 年美国之行新探——基于调查研究的视角》，《古田干部学院学报》2022 年第 2 期。
② 邓立勋：《马克思主义与调查研究》，《湖南社会科学》1991 年第 6 期。

的社会形态以及政治经济制度作过长期的调查研究。1888 年，他开始调查俄国经济的全面情况，搜集各种书籍、报刊和经济资料。1893年，他来到彼得堡，对俄国社会进行更为广泛的调查。1899 年，他写成了长篇调查报告《俄国资本主义的发展》，从而为列宁主义的形成奠定了基石。这本书深入分析了两种现象背后的经济基础，深刻揭示了在当时条件下俄国革命可能具有的发展路线。在长期流亡期间，列宁又考察了欧洲各国的情况，搜集梳理了欧洲各国大量的经济资料。1916 年，列宁写出了具有划时代意义的著作《帝国主义是资本主义的最高阶段》。列宁通过对帝国主义的科学分析，揭示出经济政治发展的不平衡是资本主义的绝对规律。在新老帝国主义的战争中，有的国家将会被削弱，形成帝国主义链条上的薄弱环节。据此，列宁提出社会主义有可能首先在一国或数国胜利这样一个崭新理论。

第二，马克思主义经典作家不仅为我们提供了宝贵的调查研究实践经验，而且在调查研究理论上也为我们作出了难能可贵的理论探索，具有极强的启示借鉴意义。概括起来，马克思主义的调查研究有如下几个特点：一是，坚持以经济分析为出发点。在马克思主义看来，要正确认识社会性质，把握阶级关系的规律性，关键是要深入到经济领域中去。因为经济是基础，其余一切社会关系都是一定社会历史时期的特定经济关系的产物。比如，马克思的《资本论》就是从资本主义社会这一特定的社会经济时期出发，从资本主义时期的商品生产分析切入，深入探讨了资本主义的生产关系及其背后的本质，从而揭示出它的阶级关系本质。二是，坚持把分析和综合有机结合起来。分析是从一到多，而综合是从多到一，这二者有机结合构成了马克思主义调查理论的基本方法。在具体的社会考察中，马克思把分析与综合的方法同人们认识客观事物的思维过程直接联系起来，使分析和综合成为完成从抽象上升到具体的思维过程的方法。正如马克思在《〈政治经济学批判〉导言》中所说的，人的认识大致分三个阶段，先是对某个问题形成"关于整体的一个混沌的表象"，然后对表象加工，"通过更切近的规定"，"就会在分析中达到越来越简单的概念；从表象中的具体达到越来越稀薄的抽象"，最后许多抽象的规定重新综合，"在思维行程中导致具体的再现"，但这时认识已不是一个混沌的关于整体的表象，"而是一个具有许多规定和关系的丰富的总体了"。① 三是，坚持把典型研究摆在更加突出的位置。马克思在考察资本主义生产方式以及和它相适应的生产关系和交换关系时，十分注重对研究对象的挑选。马克思认为当时资本主义生产方式的典型地点是英国，因此，在理论阐述时主要以英国为例。恩格斯在谈到马克思为什么选择在英国考察无产阶级状况时这样说过："只有在不列颠帝国，特别是在英国本土，无产阶级的状况才具有典型的形式，才表现得最完备；而且只有在英国，才能搜集到这样完整的并为官方的调查所证实的必要材料，这正是对这个问题进行比较详尽的阐述所必需的。"②

由此可见，马克思、恩格斯的调查研究为科学社会主义理论的形成奠定了前提和基础。没有调查研究作为基础的社会主义理论只能是空想社会主义。从这个意义上说，科学社会主义理论及其经典著作的产生，是马克思、恩格斯的调查研究理论和实践活动的必然结果。当

---

① 《马克思恩格斯选集》第 2 卷，人民出版社 2012 年版，第 700—701 页。
② 《马克思恩格斯文集》第 1 卷，人民出版社 2009 年版，第 84 页。

然，这其中也包含了马克思、恩格斯对调查研究资料的合理的充分的运用。确实如此，马克思、恩格斯在理论研究和调查实践中，充分运用了当时所能运用的一切先进的调查研究方法。除运用社会调查常用的观察、访谈等方法外，还创造并成功地运用了国际通讯调查方法，运用并发展了座谈方法。这些都为后来共产党人开展社会调查提供了指导思想。如果我们站在更为宏观的层面看，调查研究在本质上属于社会实践活动，它把主观和客观有机地结合起来了。在哲学发展史上，马克思主义第一次把实践的观点引入认识论。按照马克思主义的观点，人的认识从哪里来？归根到底来源于实践。没有实践作为基础，人的认识就必然是空洞的。只要我们坚持的是马克思主义普遍原理，那么，我们就必须承认调查研究的重要性或者说是不可或缺性。只有通过调查研究，人才能了解相关情况，才能形成正确的认识，作出正确判断。

二、开展调查研究是中国共产党的
传家宝

调查研究是我们党在各个历史时期做好领导工作的重要传家宝，是关系党和人民事业得失成败的大问题。纵观党的百年历程，从毛泽东同志提出"没有调查，没有发言权"①，到习近平总书记强调"调查

---

① 《毛泽东选集》第 1 卷，人民出版社 1991 年版，第 109 页。

研究是我们党的传家宝，是做好各项工作的基本功"①，经过党的大力倡导和党的领导人的率先垂范，重视调查研究成为党的优良传统和作风，大兴调查研究成为我们党创造百年伟业的重要法宝。

（一）新民主主义革命时期

从一般意义而言，作为替无产阶级和劳动人民争取解放的科学，马克思列宁主义给各国无产阶级革命所能提供的只是一般性的指导原则。对各国革命者来说，必须从本国的具体实际情况出发来灵活运用马列主义的基本原理。对中国共产党而言，也是这个道理，必须把马列主义的普遍真理应用到中国革命的具体实际中去，它才能有效地发挥指导作用，而这就需要通过调查研究，了解中国的历史，了解中国的现实国情，从而找出中国革命成功的内在规律。毛泽东同志深谙此理，在他看来，要从客观存在着的实际事物出发，从其中引出规律，作为行动向导，就必须详细地占有材料，加以科学分析和综合研究。进行中国革命需要作调查研究，了解中国的过去、现在及将来。遗憾的是，在一段相当长的时间内，特别是在 20 世纪 20 年代和 30 年代前期，党内许多同志并不懂得这个道理。从思想根源上看，我们党在新民主主义革命时期经历的两次严重挫折，同当时党的主要领导人不重视作马克思主义的调查研究、不了解中国的社会历史和现状有关，因而也就不能很好地把马列主义与中国革命实际相结合。

---

① 《习近平关于调查研究论述摘编》，党建读物出版社、中央文献出版社 2023 年版，第 8 页。

毛泽东同志则不然，他非常注重研究中国社会的实际，不仅留下了"没有调查，没有发言权""没有正确的调查也没有发言权"等铿锵有力的政治话语，还亲自深入实地开展了一系列彪炳史册的调查研究活动，如湖南农村的农民运动调查、赣南土地分配专项调研、革命初期土地法专题调研等。据统计，仅1927年到1943年间，毛泽东同志就开展了多达32次的大规模调查；其中，1930年一年的调查足迹就遍布8个乡县，由此撰写了8篇近14万字的调查报告，这其中既包括梳理农村问题的《寻乌调查》，也包括专门探讨调查研究方法问题的《反对本本主义》。他曾在延安整风运动时发出感慨，认为不注重调查现状，不注重研究历史，对革命事业造成了严重危害。他在列举主观主义的表现时，把不做调查研究列为主观主义的第一条。党中央《关于调查研究的决定》也把不做调查的作风看成是党性不纯的第一个表现。因此，延安整风首先就是整顿这种主观主义的坏作风，并把提倡调查研究看成是加强党的建设的基本环节。可以说，以毛泽东同志为核心的党的第一代中央领导集体正是凭借调查研究加速了马克思主义同中国革命实践的有机融合，从而孵化出指导中国革命的正确路线与科学理论。

（二）社会主义革命和建设时期

讲到社会主义革命和建设时期我们党所开展的调查研究，有必要重温两个典型案例：一个是《论十大关系》的形成，另一个是1961年"调查研究年、实事求是年"的提出。

我们先看《论十大关系》的形成。这是我党以苏联为鉴戒，探索适合中国情况的社会主义建设道路的开篇之作，也是毛泽东同志通过集思广益而形成的既有理论价值又有实践意义的代表之作。新中国成立之后，为了探索社会主义建设的道路，1955年底到1956年上半年，毛泽东同志到河北、河南、湖北、湖南、南昌、杭州、上海、天津等地进行实地调查，先后听取了34个经济部门的工作汇报，写出了著名的《论十大关系》。1956年4月25日，毛泽东同志在中央政治局扩大会议上作了《论十大关系》的讲话，标志着他对中国社会主义建设道路的探索开始形成一个初步的、比较系统的思路。这些思路从哪里来的呢？应该说，这其中有许多重要思想都是在调查研究过程中逐步酝酿、产生和形成的。用毛泽东同志的话说："那个十大关系怎么出来的呢？我在北京经过一个半月，每天谈一个部，找了三十四个部的同志谈话，逐步形成了那个十条。如果没有那些人的谈话，那个十大关系怎么会形成呢？不可能形成。"[1]

1961年，是党史上有名的"调查研究年、实事求是年"。当时受"大跃进"运动影响，党内"浮夸风"盛行，在建设上追求大规模，提出了名目繁多的全党全民"大办""特办"的口号，严重脱离社会发展实际，给国民经济社会发展造成了巨大损失。1960年12月至1961年1月，党中央在北京召开工作会议，讨论农村整风整社和纠正"五风"等问题。会议前后，毛泽东同志听取了各地干部的汇报，感到农村的形势极为严峻，而我们党对农村的情况则不太明了。

---

[1] 转引自郑向阳：《传家宝不能丢——重温毛泽东的调查研究理论》，《河北金融》2021年第2期。

毛泽东同志指出，"这些年来，我们的同志调查研究工作不做了。要是不做调查研究工作，只凭想像和估计办事，我们的工作就没有基础。所以，请同志们回去后大兴调查研究之风"①；并提出要把1961年搞成"调查研究年、实事求是年"。中央工作会议和八届九中全会后，在毛泽东同志的带动下，全党大兴调查研究之风初步形成。

1961年3月14日，中央在广州召开工作会议。会上，毛泽东同志再次要求全党继续进行调查研究，"我的经验历来如此，凡是忧愁没有办法的时候，就去调查研究，一经调查研究，办法就出来了，问题就解决了。"② 经过多次动员，广州会议后，全党大规模的调查研究在全国铺开。广州会议后，刘少奇、周恩来、朱德、陈云、邓小平和彭真等中央领导人深入基层带头做调查研究工作。各中央局和地方负责人在毛泽东同志和党中央的号召下也纷纷深入基层进行调查研究。经过调查，各级领导干部对农村情况有了更深入和真实的了解，对一些问题尤其是一些农民意见很大的关键问题，取得了共识。在这种情况下，八届中央召开了中央工作会议。总的看，1961年的调查研究活动，在一定程度上纠正了过去不合实际的错误政策，形成了正确的方针、政策和措施，统一了思想，拨正了经济航向，恢复了实事求是的思想路线。

（三）改革开放和社会主义现代化建设新时期

作为我们党的第二代中央领导集体的核心，邓小平同志同样非常

---

① 《毛泽东文集》第8卷，人民出版社1999年版，第233—234页。
② 《毛泽东文集》第8卷，人民出版社1999年版，第261页。

重视调查研究，不仅通过调查研究准确把握住了国际社会动态与国内社会经济发展态势，而且由此孕育出了改革开放的重大决策。特别是在党的十一届三中全会前夕，由中央与国务院派出的五路出国考察团以及由中央财政经济委员会部署开展的国民经济与财政政策系列调研，为推动改革开放的历史进程乃至市场经济的顺利转型提供了不可或缺的决策依据。

党的十一届三中全会以后，邓小平同志在总结正反两方面经验教训的基础上，更加深刻地认识到调查研究的重要，经常深入全国各地视察，亲自开展调查研究，指导工作，为各级领导作出了榜样。1979年，他在仔细考察和研究中国的历史和现实的基础上，对国情作了通俗而又高度的概括："一个是底子薄，一个是人口多、耕地少。"[1] 这一重要判断，精练点出了国情的基本点。我国基本国情决定了我们党必须坚持调查研究这一科学方法。邓小平同志还反对脱离实际搞调查研究。他说："有相当一部分理论工作者，对于社会主义现代化建设实践中提出的种种重大的理论问题缺乏兴趣，不愿意对现实问题进行调查和研究。"[2] 因此，邓小平同志指出了调查研究的基本方法，强调制定正确的纲领和政策首先要对本国的具体实际作深入了解。在他看来，调研研究不但可以了解基层情况，学习基层经验，而且也是我们党联系群众的重要途径。1986年，邓小平同志在《悼伯承》一文中对刘伯承善于调查研究、总结经验，善于创造性地用理论指导军事

---

[1] 转引自郑湘娟：《试论邓小平调查研究思想与实践的基本特点》，《中共浙江省委党校学报》1995年第4期。

[2] 《邓小平文选》第3卷，人民出版社1993年版，第40页。

实践给予很高评价。与此同时，邓小平同志一针见血地批评了在党的组织和国家机关工作人员中滋生的形形色色的官僚主义倾向，"不少机关的负责同志，把自己的绝大部分时间，用在处理文电和不必要的过多的开会上面，很少深入基层，深入群众，了解他们的要求和研究他们的经验，这就不可避免地陷入了事务主义和文牍主义的泥坑。"① 1984年，邓小平同志专程到广东、福建，对三个经济特区进行调研，强调特区是技术的窗口、管理的窗口、知识的窗口，也是对外政策的窗口，对于引进技术、培养人才、扩大我国对外影响力具有积极意义。应该说，其后，我国对外开放步伐的加大，是同邓小平同志的调查研究密不可分的。1992年春，邓小平同志更是不顾88岁的高龄，亲自到武昌、深圳、珠海、上海等地视察，听取工作汇报，发表重要谈话，为解决我国改革开放和经济发展问题提供了重要指导方针。邓小平同志把调查研究作为领导工作和领导者决策的前提条件和首要问题，强调"摸着石头过河"，"拿事实来说话"，以实现领导决策的民主化、科学化，进而推动了改革开放和现代化建设的进程。从某种意义上说，邓小平同志所提出的建设有中国特色社会主义理论，"一个中心、两个基本点"的基本路线，以及什么是社会主义、怎样建设社会主义，"三个有利于"标准等，这些都同调查研究密切相关，"甚至可以说是调查研究的结果"。② 作为我们党的第二代中央领导集体的核心和中国改革开放的总设计师，邓小平同志在他的整个理论体

---

① 《邓小平文选》第1卷，人民出版社1994年版，第222页。

② 张殿清：《试论邓小平对毛泽东调查研究思想的继承和发展》，《北京印刷学院学报》1999年第1期。

系中，自始至终贯穿着一切从实际出发、实事求是的思想精髓，闪耀着注重调查研究的思想光芒，至今对我们都有十分重要的借鉴启示价值。

党的十三届四中全会后，江泽民同志在毛泽东同志、邓小平同志调查研究思想的基础上，结合新的历史条件，将大兴调查研究之风与加强党的作风建设相结合，从多方面论述了调查研究的重要作用及具体要求。他主张把调查研究始终贯穿于政府决策过程之中。据统计，江泽民同志在 1990 年至 1996 年间平均每年在基层开展调研活动约达 52 天；10 年间江泽民同志曾 8 次下黄河考察，也曾 2 个月到 50 家企业开 10 场座谈会，还曾花费 8 天听汇报，以保证决策提出、执行和发展的正确性。① 同时，江泽民同志还将丰富的调查研究经验加以总结提炼，提出"没有调查就没有发言权，没有调查就更没有决策权""多搞一些典型调查、专题调查、系统调查""制定计划，形成制度，长期坚持"等一系列调研思想，对加强领导干部调查研究工作、加强党的作风建设、提升党的执政水平发挥了重要指导作用。

在改革开放新形势下，胡锦涛同志继承和发展了党的调查研究思想，号召全党进行大量调查研究，对国情、社情、党情进行正确分析，并对调查研究工作进行了一系列重要阐述。一方面，他将调查研究作为落实科学发展观、转变工作作风的重要方法，要求全党长期坚持和落实这一工作方法，充分强调了调查研究的关键地位和重要意

---

① 参见柯志坚：《试论江泽民调查研究思想》，《武汉交通管理干部学院学报》2001 年第 3 期。

义；另一方面，他将调查研究与党的作风建设相结合，强调调查研究是加强党的作风建设的重要手段，是密切联系群众，落实权为民所用、情为民所系、利为民所谋的重要保障。在其任期内，他还曾领导和部署相关部门就科学发展观、深化体制改革、党风廉政建设等涉及国计民生的重大问题开展过多达 62 项的专题调研，累计召开座谈会一千五百余次，受访者达两万余人次。① 正是这一系列的调研成果，为我国在新世纪不断探索促进协调发展、全面发展、可持续发展提供了新思路新途径。

（四）党的十八大以来的新时代

党的十八大以来，以习近平同志为核心的党中央更是高度重视调查研究。习近平总书记曾说："当县委书记一定要跑遍所有的村，当市委书记一定要跑遍所有的乡镇，当省委书记一定要跑遍所有的县市区。"② 这强调的就是各级领导干部一定要主动自觉深入一线、掌握第一手详细资料，为谋划推动落实工作奠定坚实基础。党的十八大以后，习近平总书记坚持"调研开路"，把加强顶层设计和坚持问计于民有机地统一起来，提高了决策的科学性、有效性，极大地推动了各项工作落地落实。到党的十九大召开前，习近平总书记国内基层调研 58 次，累计 134 天，年均 27 天，足迹遍及神州大地，调研内容涵盖

---

① 参见李芬：《大兴调查研究之风——学习习近平同志关于加强调查研究的重要论述》，《长江论坛》2021 年第 2 期。

② 《习近平关于全面从严治党论述摘编》，中央文献出版社 2016 年版，第 165 页。

经济、政治、文化、社会、生态等各领域；国外考察访问 32 次，累计 193 天，年均 39 天，到访 61 个国家、出席 34 个国际会议和活动，足迹遍及六大洲。如此高频率、广范围、深层次的调研考察，为全党大兴调查研究树立了标杆。

党的十九大之后，习近平总书记特别要求广大干部要广泛开展调查研究，强调"重视调查研究，是我们党在革命、建设、改革各个历史时期做好领导工作的传家宝"①，强调把党的十九大精神落到实处，迫切需要广泛深入开展调查研究，把存在的矛盾和困难摸清摸透，把各项工作做实做好。近年来，为做好"十四五"规划建议，习近平总书记亲自主持召开了 7 场专题座谈会。从座谈主题看，有专门针对某一群体的开门问策，也有针对某一区域发展的问诊求方，还有针对基层群众的意见听取；从出席人员看，涵盖企业家、党外人士、经济社会领域专家、科学家、教育文化卫生体育领域专家、地方党政领导、基层代表等各领域各阶层人士。根据"学习强国"平台数据统计，2017 年至 2020 年四年间"调查研究"作为关键词出现在习近平总书记的重大报告与讲话中共计 27 次，且出现频次逐年上升，其中以 2019 年最为密集（达到 13 次）。从内容上看，按照出现频率高低，其提及最为频繁的是："使调查研究过程成为保持同人民群众血肉联系的过程""调查研究是做好各项工作的基本功"，以及"调查研究必须坚持问题导向"。习近平总书记对调查研究的高度重视，既是对我党优良工作传统的忠实传承，也是对唯物史观和马克思主义科学方法

---

① 习近平：《谈谈调查研究》，《西部金融》2012 年第 1 期。

论的自觉运用和丰富发展。

习近平总书记从关系党和人民事业兴衰成败的高度，论述了调查研究的重要作用；从新时代新形势新矛盾新任务的现实要求出发，阐述了调查研究是全面贯彻落实党中央决策部署、实现各项目标任务的客观需要；从提高领导干部能力素质和执政本领的角度，强调调查研究是做好领导工作的基本功；从密切党群关系、夯实执政基础的角度，强调调查研究是改进工作作风的必然要求；从调查研究的根本原则出发，强调调查研究必须坚持实事求是的思想路线和求真务实的根本准则；从调查研究的总体要求出发，明确指出调查研究必须把握"深、实、细、准、效"五字要诀；从努力提高调查研究水平和成效的目的出发，强调调查研究必须学习和掌握正确的方法；等等。① 必须深刻学习领会习近平总书记这些重要论述，把握精神实质和核心要义，结合实际贯彻落实到具体的调查研究中去。

三、开展调查研究是新时代
干事创业的基本功

习近平总书记曾将在领导干部中存在的不重视调查研究的问题归结为四种类型：一是"走不出'文山会海'，强调工作忙，很少下去调查研究"的"官僚主义"型；二是"满足于看材料、听汇报、上网络，

① 佘湘：《习近平调查研究观的历史演进、主要内容与精神特质》，《理论导刊》2019 年第 7 期。

不深入实际生活，坐在办公室关起门来作决策"的"闭门造车"型；三是"自认为熟悉本地区本部门情况，对层出不穷的新情况新问题反映不敏锐，对形势发展变化提出的新课题新挑战应对不得力，看不到事物的发展变化是一个由量变到质变的过程，凭经验办事，拍脑袋决策"的"经验主义"型；四是"调研走过场，只看'盆景式'典型，满足于听听、转转、看看，蜻蜓点水、浅尝辄止"的"粗枝大叶"型。并尖锐地指出，凡此种种，严重影响决策的科学性，妨碍党的路线方针政策的贯彻执行，也损害领导机关、领导干部的形象。因此，他在 2015 年 1 月 12 日同中央党校第一期县委书记研修班学员进行座谈时，明确提出要把调查研究作为基本功，深入基层、深入群众、深入实际，了解情况、问计于民，后来又将"提高调查研究能力"纳入领导干部必备的七种能力之列，从提升党的执政能力和执政本领的双重角度阐明了切实开展调查研究所具有的不可替代的根本性作用。广大党员、干部要切实认识到调查研究是应对新时代新征程前进路上风浪考验的现实需要，是转变工作作风、密切联系群众、提高履职本领、强化责任担当的有效途径，坚持练好调查研究这一基本功。

（一）调查研究是了解新情况研究新问题的基本方法

"坚强的领导，来源于正确的领导；正确的领导，来源于正确的决策。"我们党之所以能在不同历史时期，科学分析形势、准确把握条件，制定出正确的路线方针政策，就是因为高度重视调查研究，把调查研究作为了解新情况研究新问题的基本方法。习近平同志 2002 年 10 月到浙江担任主要领导工作之后坚持以调研开局，通过调查研究把准摸清浙江的新情况，并在广泛征求意见的基础上，制定了体现浙江改革与发展总体思路和战略部署的"八八战略"。"八八战略"是广泛调研、集思广益的结果，完全契合浙江发展新实际并能充分发挥浙江的优势。"八八战略"在制定之后始终指引着浙江的高质量发展，浙江大地发生了精彩蝶变、取得了丰硕发展成果。"八八战略"在浙江发展中的实践伟力充分证明了调查研究对了解新情况研究新问题，进而推动正确决策的重要性。当前，世界百年未有之大变局加速演进，不确定、难预料因素增多，国内改革发展稳定面临不少深层次矛盾躲不开、绕不过，各种风险挑战、困难问题比以往更加严峻复杂。问题越复杂、矛盾越突出，越要加强调查研究。因为只有掌握基层第一手材料，才能发现基层工作中存在的新问题、新偏差、新盲点，掌握在办公室难以听到、不易看到甚至想象不到的新情况，获得观察问题的新视角、解决问题的新思路。因此，要妥善应对这些风险挑战、化解这些困难问题，就迫切需要充分利用好调查研究这一重要法宝，充分了解我国经济社会发展存在的矛盾和问题、风险和挑战，深入分析背后的原因，研究提出相应的政策举措、对策建议，进一步有针对性地、大力度地推动我国经济社会发展，全面推进中国式现代化，全面推进中华民族伟大复兴。可见，把调查研究作为领导干部的基本功，不断加强领导干部的调研工作，是新时代各级领导干部应对新形势、新情况，解决新问题的客观需要。

（二）调查研究是树牢群众观点贯彻群众路线的基本手段

"知屋漏者在宇下，知政失者在草野。"人民群众最了解实际情况，最容易发现问题。而调查研究工作的实质就是为了听实话、察实情，发现问题、解决问题。所以，调查研究的过程就是密切联系群众的过程。党的十八大以来，习近平总书记对坚持党的群众路线作出系列重要论述，强调"要坚持工作重心下移，深入实际、深入基层、深入群众""要拜人民为师、向人民学习，放下架子、扑下身子，接地气、通下情，深入开展调查研究"，为大兴调查研究、走好群众路线确立了根本遵循。当前在全党大兴调查研究，就是要求各级干部重视在调查研究过程中保持与人民群众的血肉联系，既自觉拜人民为师，在制定路线、方针、政策时主动向人民群众问计，认真听取人民群众的意见与建议，自觉将人民群众的智慧和力量凝聚起来；也要自觉深入了解、准确把握基层和群众的所思所想所盼所需，深入研究人民群众普遍关心和反映强烈的热点难点问题；更要从人民群众的伟大实践和伟大创造中获得正确认识，把党的正确主张变为群众的自觉行动。唯有如此，调查研究才能做到"一切为了群众"，而不是为了"调查"而调查；才能切实把存在的矛盾和问题搞清搞透，把各项工作做实做好，做到人民群众的心坎上；也才能真正赢得人民的信任和支持，党的执政根基才会坚如磐石。因此，调查研究是密切联系群众的重要途径，是问政于民、问计于民、问需于民的必然要求。

（三）调查研究是彰显新担当展现新作为的基本途径

调查研究不仅是一种工作方法，而且是转变工作作风、密切联系群众、提高履职本领、强化责任担当的有效途径。党的十八大以来，从中央到地方，"担当"被前所未有地重视起来。10 年来，中央"啃硬骨头"的担当精神，给各级党政班子和全国人民留下了深刻印象。向中央看齐，以担当精神深入调查研究，负起历史使命，回应百姓期待，逐渐成风。但不可否认，一些领导干部在调查研究中，还存在不少问题。比如，形式主义严重。各级对领导干部下基层开展调研作出了不少刚性规定，但有的领导干部不是带着研究问题的态度去完成，存在敷衍应付"交作业"的现象。比如，不愿正视问题。有的领导干部对分管的工作缺乏清醒的审视判断，对工作中出现的新情况新问题反映不敏锐；有的对本地区本部门全局工作和中心工作缺乏主动思考研究，对发现的突出问题和群众的意见诉求视而不见，怕触及矛盾，怕得罪人；等等。这些问题虽反映在调研工作中，实质是个别领导干部缺乏责任担当。当前，党的二十大擘画了全面建设社会主义现代化国家、以中国式现代化全面推进中华民族伟大复兴的宏伟蓝图，明确了新时代新征程党和国家事业发展的目标任务。这些目标任务如何实现？高质量发展这个首要任务如何牢牢把握？人民对美好生活的新期待如何不断得到满足？显然，对于这些问题，很难在以往资料里找到现成答案。经验主义要不得，教条主义更不行，需要更为扎实的调研、更为审慎的决策。各级领导干部必须心怀"国之大者"，以对党和国家的事业高度负责的担当，做好事关全局的战略性调研、破解复杂难题的对策性调研、新时代新情况的前瞻性调研、重大工作项目的跟踪性调研、典型案例的解剖式调研、推动落实的督查式调研，使调查研究工作更好同中心工作和决策需要紧密结合起来，更好地为科学决策服务，为提高党的执政能力和领导水平服务，为完成新时代新征程的使命任务服务。当然，在这个过程中势必会遇到很多"急浪险滩""硬骨头""中梗阻"，必须保持足够的战略定力，以咬定青山不放松的执着、行百里者半九十的清醒，推进调查研究不断走向深入，在推动全面建设社会主义现代化国家开好局起好步中彰显担当与作为。唯其如此，才能无惧风雨、乘风破浪，始终牢牢把握未来发展主动权。

总之，调查研究是谋事之基、成事之道。回首"来时的路"，用好调查研究这个传家宝，为党和国家事业取得历史性成就、发生历史性变革提供了重要的方法和路径。远眺"奋进的路"，通过大兴调查研究，扑下身子干实事、谋实招、求实效，就一定能够在新时代新征程上不断焕发新气象、彰显新作为、续写新辉煌。

第二章

调查研究的方法论

　　我们党自成立之初就高度重视调查研究。党的十八大以来，习近平总书记围绕调查研究作出了一系列重要论述和指示批示，不仅深刻阐明了调查研究的极端重要性，也为如何做好调查研究工作提供了根本遵循。中共中央办公厅印发的《关于在全党大兴调查研究的工作方案》要求做到五个必须，即"必须坚持群众路线、必须坚持实事求是、必须坚持问题导向、必须坚持攻坚克难、必须坚持系统观念"，为搞好调查研究提供了方法论。

一、必须坚持群众路线

　　中国共产党的历史就是一部在各个历史时期坚持和践行群众路线的历史，就是党在群众路线的指导下团结带领中国人民迎来从站起来、富起来到强起来伟大跨越的奋斗史。始终坚持群众路线，是我们党久经磨炼而不垮，屡遭挫折而不衰，不断取得奋斗新成就的根本原因，也成为新时代全党大兴调查研究工作的基本要求。

　　第一，坚持群众路线是马克思主义政党人民性的重要体现。在谁才是历史创造者这一问题上，理论界一直存在分歧甚至对立的观点，突出表现为英雄史观和群众史观的对立。在西方一些理论家眼中，历史是由少数英雄人物创造的，历史的发展就是英雄战胜群众。如马克思、恩格斯早期论敌鲍威尔就把人民群众看作"精神的对立物"，认为人民群众在历史上的作用是消极的。对于这种轻视甚至蔑视人民群众的看法，马克思、恩格斯做出了坚决的批判。在《神圣家族》中，马克思、恩格斯强调"历史的活动和思想就是'群众'的思想和活动"，并认为"随着历史活动的深入，必将是群众队伍的扩大"①。在之后写作的《德意志意识形态》中，他们立足于现实的物质生产进一步深化了这种思想，认为对于人类社会的维持和发展来说，最重要的是物质生产，而从事这一生产的主体就是人民群众，并提出了人民群众创造历史的观点。20 世纪初，列宁在领导俄国革命的实践中深刻认识到人民群众在推动社会变革中的伟大作用，将人民群众的热情参与和支持视为俄国革命取得胜利的重要原因，将人民群众看作"新社会制度的创造者"②。中国共产党自成立之初就确定了为人民谋幸福的初心使命，不论是在革命斗争中还是在社会主义建设和改革大潮中，都将马克思主义群众观点运用于实践之中，形成了一切为了群众、一切依靠群众、从群众中来、到群众中去的群众路线，这是中国共产党的生命线和根本工作路线，是中国共产党区别于其他政党的显著特征，也是马克思主义政党人民性的鲜明体现。

第二，调查研究是贯彻群众路线推进工作的重中之重。马克思主

---

① 《马克思恩格斯文集》第 1 卷，人民出版社 2009 年版，第 286—287 页。

② 《列宁全集》第 11 卷，人民出版社 1987 年版，第 96 页。

义认为，生产力和生产关系之间的矛盾是所有社会形态中最基本的矛盾，而这一基本矛盾在不同的社会、不同的时期和不同的条件下又会有多种不同的表现形式，其中有一种为社会的主要矛盾，正是解决这一社会矛盾的实践推动着社会不断向前发展，可以说，没有矛盾就没有发展。正是通过发现矛盾并不断地解决矛盾，中国革命、建设和改革开放的事业才不断取得新的成绩。调查研究正是中国共产党人发现矛盾、探索解决矛盾的重要方法。从大革命时期毛泽东同志的系列调研报告，到共和国总理"坐在办公室碰到的都是问题，深入基层看到的全是办法"的感慨，尽管百年来中国社会主要矛盾几经变化，但中国共产党始终坚持群众路线大兴调查研究之风，从群众中来，到群众中去，紧紧依靠人民群众的力量和智慧解决社会主要矛盾，推动中国不断实现发展，不断从胜利走向胜利。在革命战争时期，中国共产党通过调查研究基础上的分析认识到当时中国社会的主要矛盾存在于帝国主义和人民大众之间，而解决这一矛盾的方法只能是动员群众开展反帝反封建的革命斗争。在革命斗争中，中国共产党强调"战争的伟力之最深厚的根源，存在于民众之中"①，正是依靠广大人民群众的支持，我们推翻了压在中国人民头上的"三座大山"，取得了中国革命的胜利。新中国成立后，面对人民日益增长的物质文化需要同落后的社会生产间的矛盾，中国共产党带领人民进行社会主义建设和改革的实践。党坚持人民群众在社会主义建设和改革实践中的主体地位，通过调查研究问计于民、问需于民、问政于民，实践证明，"改革开放

---

① 《毛泽东选集》第 2 卷，人民出版社 1991 年版，第 511 页。

中许许多多的东西，都是群众在实践中提出来的"[①]。进入新时代，中国社会主要矛盾又发生了新的变化，以习近平同志为核心的党中央结合新的实际，在群众路线的基础上提出"以人民为中心"的发展思想，强调"必须坚持人民主体地位"[②]，在新的条件下充分发挥人民群众的创新创造活力，依靠人民群众解难题、谋改革、促发展，为新时代通过调查研究推动中国特色社会主义事业提供了方法论指南。

第三，坚持群众路线是做好调查研究的基本要求。要做好调查研究，就必须坚持群众路线。党政领导干部只有深刻认识到人民群众的历史作用，尊重人民群众的实践主体地位和首创精神，俯下身子来到群众中间，拜群众为师，听民情、解民忧，才能在调查研究中了解真情况、采取真措施、解决真问题、实现真发展。

坚持"拜群众为师"。党政领导干部一要有谦虚的态度，放下自己的架子，相信人民群众有足够的智慧和力量，甘当人民群众的学生。习近平主政浙江时，提出领导干部在调查研究的过程中要自觉做群众的学生，向群众学习。要做到这一点，就要充分认识到人民群众是历史的主体，是真正的英雄，树立向人民群众学习的态度，从人民群众中间汲取智慧和力量。二要满怀群众情感，在内心中认同群众，深入到群众中间，这样才能获得群众的信任，听到真话实话。毛泽东强调在调查研究的过程中"主要的一点是要和群众做朋友"[③]，只有用

---

① 《邓小平年谱（一九七五——一九九七）》下卷，中央文献出版社 2004 年版，第 1350 页。

② 习近平：《决胜全面建成小康社会　夺取新时代中国特色社会主义伟大胜利——在中国共产党第十九次全国代表大会上的报告》，人民出版社 2017 年版，第 21 页。

③ 《毛泽东文集》第 2 卷，人民出版社 1993 年版，第 383 页。

真情实意对待群众，让他们了解你，他们才会对你敞开心扉，才能调查出真实情况。因此在调查研究中，各级干部要用真心换真心，时刻站在群众立场上，将自己的真情实意展现给群众，以此来推动调查研究的有效进行。

坚持"从群众中来，到群众中去"。理论来源于实践，正确的方针政策绝不是领导干部空想的产物，而是在充分了解群众实践的基础上形成的。这就要求各级领导在调查研究的过程中懂得"从群众中来"的重要性，要做到深入群众、心入群众，尽可能详细地了解和收集群众的意见和建议，掌握丰富的第一手材料，在此基础上出台相关的方针政策，这样才能在作决策时有底气，作出的决策接地气。"到群众中去"则是指调查研究不能仅仅停留在对问题的认识和方针政策的制定上，即停留在认识阶段，认识是为实践服务的，因此必须要将所制定的方针政策应用到现实中，使获得的认识再回到群众生活中去。与此同时，这一"回到群众"的过程也是对认识的检验和发展过程，前期调查研究的结果是不是正确、出台的方针政策是不是合适、人民群众是不是满意，都需要在实践中进行验证，这样才能及时发现和纠正与广大群众意愿不相符的方针政策，并使好的方针政策落地生效，得到进一步发展。

坚持"一切为了群众"。党的群众路线的最终价值旨归指向"一切为了群众"。因此，党政领导干部做好调查研究必须坚持"一切为了群众"的价值导向。一方面，要坚持解决好群众的问题。调查研究的成果不是看形成了多少文字材料，而是看有没有切实解决人民群众在生活中遇到的各种实际问题。各级领导要充分认识到调查研究不是摆拍、走形式，而是在调查研究的过程中真正下功夫去了解群众，明确人民群众生活中存在的最盼、最急、最忧、最怨的问题，进而采取相关措施解决好群众生活中遇到的这些问题。另一方面，做好调查研究要坚持维护好人民群众的根本利益。纵观百年党史，中国共产党在革命、建设和改革的各个时期所开展的调查研究的根本目的就是认识不同时期在社会主要矛盾制约下所出现的各种问题，通过这些问题的解决来维护人民群众的根本利益。进入新时代，中国社会主要矛盾发生了变化，各种新情况新问题层出不穷，领导干部必须围绕这一主要矛盾进行全面细致的调查研究，始终把人民利益放在第一位，以人民需求为导向，把握人民群众的愿望和要求，不断强化调查研究中的宗旨意识，实现好维护好人民群众的根本利益，彰显中国共产党人的初心使命。

二、必须坚持实事求是

作为马克思主义的根本观点，实事求是既是中国共产党人认识世界、改造世界的根本要求，也是调查研究必须坚持的基本原则。中国共产党百年奋斗重大成就和历史经验表明，党和人民事业越是关键的时候，调查研究越要坚持实事求是。只有坚持实事求是，调查才会有意义，研究才能有成果。

第一，实事求是是中国共产党的基本思想方法与工作方法。习近平总书记在庆祝中国共产党成立 100 周年大会上指出，"中国共产党坚持马克思主义基本原理，坚持实事求是，从中国实际出发，洞察时代大势，把握历史主动，进行艰辛探索，不断推进马克思主义中国化时代化，指导中国人民不断推进伟大社会革命。"① 中国共产党的百年历程，就是坚持实事求是、不懈探索真理的非凡历程。

实事求是是中国共产党的基本思想方法，是保证党和国家事业健康发展的关键。1941 年，毛泽东同志在延安干部会议上作《改造我们的学习》报告时，第一次详细地阐述了实事求是的内涵："'实事'就是客观存在着的一切事物，'是'就是客观事物的内部联系，即规律性，'求'就是我们去研究。"② 简言之，实事求是就是在任何情况下，都要坚持从客观存在的实际出发，而不是从任何主观的臆想出发；坚持客观如实地了解事物的本真，抓住事物的本质，保持足够的战略定力；坚持把实践作为检验一切理论、路线、方针、政策是否具有客观真理性的标准。事实充分证明，中国共产党正是由于坚持实事求是的思想方法，才创造性地解决了建设马克思主义政党等一系列重大问题。

实事求是是中国共产党的基本工作方法，是中国共产党"为什么能"的重要法宝。实事求是，就是不唯上、不唯书，只唯实、只唯真，具备看问题的眼力与谋事情的脑力。党的十八大以来，以习近平同志为核心的党中央继承发展了实事求是思想，始终坚持实事求是的工作方法，坚持实事求是的优良作风，坚持理论与实践相统一，不断在实

---

① 习近平：《在庆祝中国共产党成立 100 周年大会上的讲话》，《人民日报》2021 年 7 月 2 日。

② 《毛泽东选集》第 3 卷，人民出版社 1991 年版，第 801 页。

践中认识真理，又不断在实践中检验真理和发展真理，并将这一根本要求贯穿于新时代治国理政的全过程之中，取得了历史性成就。

第二，坚持实事求是是调查研究的基本要义。调查研究是谋事之基、成事之道。没有调查就没有发言权，没有调查就没有决策权。坚持实事求是既是我们想问题、做决策、办事情的出发点和落脚点，也是调查研究的基本要义，是调查研究工作的灵魂。

一方面，摸实摸透"实事"是调查研究之基。调查研究既不是冥思苦想就可以完成的感性活动，也不是简单搜集一些信息和材料就能结束的管理工作。调查研究的目的是为了把握事情的真相、查清事情的全貌、掌握事情的本质。情况掌握得真不真、准不准，直接影响到后续决策的效率和质量，这就决定了调查研究的出发点只能是具体的客观实际，而不能是抽象的本本。如果没有对客观实际的深入了解，没有对社情民意的切身体验，就会轻易远离人民，违背规律，就难以形成正确的认识、作出正确的决策。因此，党政领导干部必须坚持实事求是，拒绝先入为主、成见偏见或思维定式，只有扑下身子、迈开步子，始终坚持听真话、察真情，充分了解并掌握最真实、最客观的情况，才能为后续的论证和决策提供现实基础，才能形成真知灼见，才能找到解决问题的新视角、新思路和新对策。

另一方面，深入透彻"求是"是调查研究之本。"求是"一词直截了当地概括了调查研究的两个重要方面，即"真研究问题"和"研究真问题"。只有以科学严谨的态度、扎扎实实的作风真正研究问题，研究真问题，才能透过现象看本质。如果不能发现真问题，调查研究伪课题，不仅浪费时间和精力，更影响自身形象，不利于工作的进一步开展。中国共产党的百年实践也充分证明，越是风云变幻、风高浪急，越需要通过调查研究把握问题的本质和规律。领导干部只有拿出"求是"的作风和行动，坚持正确的态度，不搞无用的调查，不做无谓的研究，善于抓住真问题，寻找并掌握本质规律，才能在运用调查研究的结果中不断增强谋划发展的本领和水平。

第三，坚持实事求是不断提高调查研究水平。任何脱离实事求是的调查研究都是"空中楼阁"。开展调查研究，一刻也离不开实事求是。只有坚持一切从实际出发、理论联系实际，才能使理论和政策创新有根有据、合情合理。

深入掌握真实情况。调查研究必须做到下马观花、脚沾泥土，充分了解现实生活中存在的客观问题、矛盾困难，获取真实的一手材料和新鲜案例。正如习近平总书记早年在宁德工作，曾先后三次到寿宁县西部最偏远的下党乡开展调查研究工作，协调解决当地建设发展难题，全力推动闽东地区摆脱贫困。正是因为习近平总书记用双腿走遍了宁德地区的角角落落，掌握了大量的基层第一手资料，才为他深入科学分析地区建设发展规律积累了翔实的基础材料。因此，党政领导干部要做到以事实为依据、以事实为基础，不唯书、不唯上、只唯实。具体来说，可以根据调查研究目标和要求的不同，灵活采用多种调查方法，把微观调查和宏观调查结合起来，把定性分析和定量分析结合起来，大胆创新，多管齐下，多维度、全方位地掌握真实情况，以此做好调查研究工作。

切实把握本质规律。习近平总书记非常重视运用科学思维方式认识和把握事物的内在本质和规律，这就为各级领导坚持实事求是推动调查研究工作树立了典范。在福州任职期间，习近平总书记曾带领广大干部"拜实践为师"，用了半年时间通过万人答卷、千人调研、百人论证，几经商榷、十易其稿，深入分析研究，真正把握住了福州经济社会发展的本质规律，最终制定出台了《福州市 20 年经济社会发展战略设想》，科学谋划了福州 3 年、8 年、20 年的发展目标。因此，在实践中，面对调查研究获取的大量信息资料，党政领导干部必须通过客观分析研究，运用发散思维、逆向思维、专业思维，把大量和零碎的材料经过去粗取精、去伪存真的思考、分析、综合，加以系统化、条理化，透过纷繁复杂的现象抓住事物的本质，找出其内在规律，并将调研成果转化为决策思路和工作举措，形成理论联系实际的良性循环。

坚守党性原则，加强作风建设。习近平总书记曾强调："坚持实事求是最需要解决的是党性问题。"① 坚持实事求是，就是要坚持党性和人民性的统一，把全心全意为人民服务作为根本宗旨，把广大人民群众满意不满意作为重要标准，把实现好、维护好、发展好广大人民群众的根本利益作为行动指南。具体来说，党政领导干部必须以党性立身开展调查研究工作，尊重客观事实，坚持真理，不搞弄虚作假，不搞走马观花，不搞相互吹捧。《关于在全党大兴调查研究的工作方案》也明确要求："调查研究要采取'四不两直'方式，即不发通知、不打招呼、不听汇报、不用陪同接待，直奔基层、直插现场。"② 总之，领导干部要把实事求是和锤炼党性、砥砺品格统一起来，要有修

---

① 《习近平谈治国理政》第四卷，外文出版社 2022 年版，第 527 页。

② 中办印发《关于在全党大兴调查研究的工作方案》，《人民日报》2023 年 3 月 20 日。

正错误的魄力，能够在调查研究的过程中及时发现和纠正思想上的偏差、认知上的误区以及决策中的失误。

三、必须坚持问题导向

调查研究是为了更好地发现问题、分析问题、解决问题，问题导向是调查研究的基础导向，只有找准了问题，调查研究才不会跑空走样。党的二十大报告把"坚持问题导向"作为习近平新时代中国特色社会主义思想的世界观和方法论的重要内容之一。坚持问题导向，体现了马克思主义的鲜明特点，是中国共产党的优良传统和重要法宝，也是习近平新时代中国特色社会主义思想的重要世界观和方法论。

第一，坚持问题导向是马克思主义的鲜明特点。习近平总书记在哲学社会科学工作座谈会上指出："坚持问题导向是马克思主义的鲜明特点。问题是创新的起点，也是创新的动力源。"[1] 坚持问题导向，体现了马克思主义的认识论与矛盾论。

坚持问题导向贯彻了马克思主义的认识论。马克思主义认为，客观世界是可知的，世界上只有尚未认识的事物，没有不可认识的事物。客观世界是不断发展的，人的认识也是一个由浅入深、由现象到本质、由知之甚少到知之甚多的不断深化的能动发展过程，人类对客观世界的认识是不会终结的。人类认识世界、改造世界的过程也是人

---

① 习近平：《在哲学社会科学工作座谈会上的讲话》，《人民日报》2016 年 5 月 19 日。

类发现问题、解决问题的过程，实践、认识、再实践、再认识，每一次循环，都使我们的认识不断扩展和深化。实践永无止境、矛盾永无止境、认识永无止境，问题也就不会终结，旧的问题不断解决，新的问题又会不断出现，我们总是在不断地发现问题、分析问题、解决问题。

坚持问题导向体现了马克思主义的矛盾观。辩证唯物主义认为，矛盾是事物发展的源泉和动力，矛盾是客观、普遍存在的，矛盾无处不在、无时不有，贯穿于事物发展的始终。矛盾具有特殊性，具体事物的矛盾及每一个矛盾的各个方面以及其在不同的发展阶段都各有特点。习近平总书记强调："问题是事物矛盾的表现形式，我们强调增强问题意识、坚持问题导向，就是承认矛盾的普遍性、客观性，就是要善于把认识和化解矛盾作为打开工作局面的突破口。"① 坚持问题导向，就是坚持用马克思主义矛盾观的基本原理去观察、研究和分析事物，做到具体问题具体分析。

第二，调查研究必须坚持问题导向。在调查研究中发现问题、研究问题、解决问题，是党政领导干部开展调查研究的目的所在。党的十八大以来，面对国内外形势新变化和实践新要求，以习近平同志为主要代表的中国共产党人，围绕新时代坚持和发展什么样的中国特色社会主义、怎样坚持和发展中国特色社会主义，建设什么样的社会主义现代化强国、怎样建设社会主义现代化强国等重大时代课题，始终坚持以问题引领调查和工作的方向，并将马克思主义基本原理同中国

---

① 《习近平关于协调推进"四个全面"战略布局论述摘编》，中央文献出版社 2015 年版，第 86 页。

具体实际相结合、同中华优秀传统文化相结合，领导党和国家事业取得了历史性成就、发生了历史性变革。

当前，"我们所面临问题的复杂程度、解决问题的艰巨程度明显加大，给理论创新提出了全新要求。我们要增强问题意识，聚焦实践遇到的新问题、改革发展稳定存在的深层次问题、人民群众急难愁盼问题、国际变局中的重大问题、党的建设面临的突出问题，不断提出真正解决问题的新理念新思路新办法。"① 问题是调查研究的"靶子"，只有坚持问题导向，把认识和化解矛盾作为打开工作局面的突破口，才能推动各项决策部署在基层落地生根、开花结果。

坚持问题导向是调查研究的关键策略和衡量标准。调查研究本身就是发现问题、研究问题、解决问题的过程。问题是调查研究的逻辑起点，问题的指向就是调查研究的方向，调查是为了摸清情况、找准问题，研究是为了分析症结、提出对策，其归宿则是为了解决问题。做深做实调查研究必须坚持问题导向，一切奔着问题去，一切围绕问题展开，立足发现问题，着眼解决问题，带着问题难题去、带着治本之策回，才能达成调查研究的目的。党政领导干部要把是否围绕问题而展开，是否发现真问题、研究透问题、解决好问题，作为衡量调查研究质量和成效的重要标准。

第三，坚持问题导向开展调查研究的实践要求。坚持问题导向开展调查研究，党政领导干部要以人民为中心，增强问题意识，敢于正

---

① 习近平：《高举中国特色社会主义伟大旗帜　为全面建设社会主义现代化国家而团结奋斗——在中国共产党第二十次全国代表大会上的报告》，人民出版社2022年版，第20页。

视问题、善于发现问题，以解决问题为根本目的，真正把情况摸清、把问题找准、把对策提实，不断提出真正解决问题的新思路新办法。

以人民为中心，增强问题意识，聚焦新征程上的若干问题。习近平总书记指出："全党必须牢记，为什么人的问题，是检验一个政党、一个政权性质的试金石。带领人民创造美好生活，是我们党始终不渝的奋斗目标。"① 这就要求领导干部在坚持问题导向开展调查研究中，要以人民为中心，把人民群众急难愁盼问题放在突出位置，从与人民群众切身利益紧密相关的问题出发去发现问题、提出问题、分析问题、解决问题，要将问题的产生、分析和解决与人民群众的具体生活实践紧密联系起来。不同发展阶段会产生不同的问题，站在新征程的新起点上，在充分认识新时代十年历史性成就、历史性变革的同时，也要增强问题意识，认清现在仍然面临着一系列长期积累及新出现的突出矛盾和问题。因此，调查研究必须聚焦改革发展稳定存在的深层次问题、国际变局中的重大问题和党的建设面临的突出问题，不断提出解决问题的新理念新思路新办法。

以发现问题为起点，敢于正视问题，善于发现问题。坚持问题导向，内在地包含着发现问题这个起点。习近平总书记指出："无论什么时候，问题总是客观存在的，怕就怕对问题熟视无睹、视而不见，结果小问题变成大问题，小管涌演变为大塌方。"② 不敢正视问题，不能准确地发现问题，就谈不上研究问题，更谈不上进一步解决问题，

---

① 习近平：《决胜全面建成小康社会　夺取新时代中国特色社会主义伟大胜利——在中国共产党第十九次全国代表大会上的报告》，人民出版社 2017 年版，第 44—45 页。

② 习近平：《论坚持全面深化改革》，中央文献出版社 2018 年版，第 328 页。

就会使调查研究浮于表面、流于形式，无益于推动工作。因此，党政领导干部要敏于观察、勤于分析、善于归纳，敢于在国际国内相互联系中发现问题，在改革发展实践中发现问题，在总结经验教训中发现问题，这样才能掌握解决问题的主动。

以分析问题为支撑，把情况摸清，把问题找准。发现问题是前提，能不能正确分析问题更见功力。发现并正视问题之后，不能搁置问题，而是要着手分析、研究问题，为解决问题创造条件。现实世界的问题错综复杂，相互纠结，存在连锁反应。因此，坚持问题导向开展调查研究，必须坚持用辩证唯物主义和历史唯物主义方法，坚持具体问题具体分析，善于透过现象看本质，抓住事关全局的重要问题，科学分析问题、深入研究问题，只有全面、透彻、精准地分析问题，才能判断和掌握好问题背后的规律和发展趋势，才能弄清问题性质、找到症结所在，这也是最终有效解决问题的基础。

以解决问题为根本，把对策提实，真正解决问题。坚持问题导向，归根到底是为了有效解决问题。解决问题是坚持问题导向的根本目标，它统领着发现问题、分析问题的方向。习近平总书记在《调查研究就像"十月怀胎"》的政治短评中也曾写道："调查研究就像'十月怀胎'，决策就像'一朝分娩'。调查研究的过程就是科学决策的过程，千万省略不得、马虎不得"。坚持问题导向开展调查研究，各级领导必须坚持解决问题而不能放过问题，要不断学习、增强解决问题的本领，面对调查研究发现的问题，要逐一梳理，分析研究，针对问题精准施策，分清轻重缓急、辨别主次难易，做到问题不解决不松劲、解决不彻底不放手。

四、必须坚持攻坚克难

习近平总书记指出："要做起而行之的行动者、不做坐而论道的清谈客，当攻坚克难的奋斗者、不当怕见风雨的泥菩萨，在摸爬滚打中增长才干，在层层历练中积累经验。"① 作为百年来中国共产党人的优良品质和政治优势，坚持攻坚克难也是新时代新征程调查研究的基本要求。目前，世界百年未有之大变局加速演进，在推进中国式现代化进程中面临着复杂严峻的风险与挑战。因此，党政领导干部在调查研究中更要坚持攻坚克难，知重负重，把调查研究成果转化为推进工作、战胜困难的实际成效。

第一，攻坚克难是中国共产党人的鲜明品格。中国共产党人百年奋斗的历史就是一部攻坚克难、敢于斗争、善于斗争的历史。攻坚克难作为一种精神底色，也是中国共产党人不断取得伟大胜利的重要法宝。

攻坚克难是一种"明知山有虎，偏向虎山行"的胆识气魄，也是一种坚韧不拔的意志品质。前进的道路不全是平坦的，往往荆棘丛生、充满坎坷，而抵御风险、克服困难、解决问题的过程又是长期的、复杂的，这既需要勇气魄力，又需要韧劲耐力。回顾中国共产党领导中国人民进行革命、建设、改革的辉煌历程，从南昌起义到红军长征，从抗日战争到解放战争，从三大改造到改革开放，从脱贫攻坚到疫情防控，共产党人在面临艰难险阻、应对重大挑战时，始终坚持

---

① 《习近平谈治国理政》第 3 卷，外文出版社 2020 年版，第 522 页。

不畏艰难、不惧风险、敢闯敢试、敢作敢为，以知难而进、迎难而上的非凡气魄，坚持不懈，百折不挠，在顽强斗争中牢牢掌握战略主动权，赢得了一场又一场胜利。

攻坚克难是一种"苟利国家生死以，岂因祸福避趋之"的责任担当，也是一种"敢教日月换新天"的奋斗精神。正如共产党人在新民主主义革命时期以"成立新中国"为己任，在社会主义革命和建设时期又挑起"向社会主义过渡"的重担，在改革开放新时期以"探索中国建设社会主义的正确道路"为历史使命，在新时代又肩负起"实现中华民族伟大复兴"的重任，始终保持着闯关夺隘、攻城拔寨、埋头苦干的斗志锐气。实践充分证明，正是共产党人的敢于担当、攻坚克难，民族独立、人民解放、国家富强的目标才得以逐步实现。

第二，坚持攻坚克难是调查研究的基本要求。首先，调查研究是一项复杂又艰巨的工作，关系到党和人民事业的得失成败。周恩来同志曾指出："下去调查，要敢于正视困难，解决困难。畏难苟安，不是共产党人的品质。"[①] 越是伟大的事业，越是充满艰难挑战，必然面临"险滩"、"暗礁"与"中梗阻"，这就要求党政领导干部必须坚持攻坚克难，具备"明知征途有艰险，越是艰险越向前"的胆识气魄，克服畏难情绪，敢于"涉险滩，破难题"，由此打通"堵点"、破解"痛点"、攻克"难点"，找到未来工作努力的方向。与此同时，调查研究是一个长期过程，不存在任何快捷途径，绝不能一蹴而就。党政领导干部只有具备打攻坚战、持久战的韧性耐力，具备"咬定青山不放松"的执着，

---

① 《周恩来选集》下卷，人民出版社 1984 年版，第 314 页。

保持"千磨万击还坚劲"的信心，坚持常态长效，迎着问题上，盯着问题抓，有的放矢，细致分析，才能推进调查研究不断走向深入。

其次，衡量调查研究搞得好不好，关键要看能不能把难题解决好。《关于在全党大兴调查研究的工作方案》明确指出要围绕 12 个主要方面，罗列了各类重难点问题，这就要求领导干部必须坚持攻坚克难，具备"时时事事放心不下"的责任感与紧迫感，勤于担当，奋勇拼搏，时刻保持调查研究的昂扬斗志，真正做到担子要拣沉的挑，任务要冲难的选。如果没有责任担当，没有实际作为，那调查研究也只是"纸上谈兵"。因此，面对难题积案和顽瘴痼疾，面对"烫手山芋"，领导干部只有把目标落实到"干成事"上，只有以高度的责任感，以"功成不必在我"的精神境界和"功成必定有我"的历史担当，带头奋斗，积极进取，苦干实干，冲在一线，向艰难险阻发力，才能在解决问题的同时挖掉病根，才能让调查研究的过程真正成为推进中国式现代化事业发展的过程。

第二，在攻坚克难中推动调查研究走实走深。毛泽东指出："什么叫工作，工作就是斗争。那些地方有困难、有问题，需要我们去解决。我们是为着解决困难去工作、去斗争的。越是困难的地方越是要去，这才是好同志。"① 只有坚持攻坚克难，强化斗争意识，发扬斗争精神，增强斗争本领，知难而进，迎难而上，才能做好调查研究工作，找到改革发展的"金钥匙"。

强化斗争意识，在调查研究中敢于揭示问题。习近平总书记指

---

① 《毛泽东选集》第 4 卷，人民出版社 1991 年版，第 1161 页。

出："唯有主动迎战、坚决斗争才有生路出路，才能赢得尊严、求得发展。"① 斗争意识正是应对风险、解决问题的有力武器。明者防祸于未萌，智者图患于将来。苗头性、倾向性问题往往预示着事物发展的趋势。针对现实中的不良风气和坏苗头，党政领导干部不能习以为常或视而不见，不能因为害怕深挖下去引火烧身就对群众的急难愁盼轻描淡写、避实就虚，必须强化斗争意识，敢于揭示问题，增强动真碰硬的勇气，抓早抓小，对苗头性、倾向性问题展开调查研究，把握工作的主动权，以达到防患于未然的效果，走好调查研究最先一公里。

　　发扬斗争精神，调查研究要到"矛盾中去"。习近平总书记强调："要多到分管领域的基层一线去，多到困难多、群众意见集中、工作打不开局面的地方去，体察实情。"② 攻坚克难，就是要拒绝"嫌贫爱富"式调研，不能只去工作成绩亮眼的地方总结经验，不去或少去矛盾突出、情况复杂的地方研究并解决问题。党的十八大以后，习近平总书记曾不顾舟车劳顿，不顾崎岖山路，走遍了 14 个集中连片特困地区，特意选择了工作打不开局面的地方调查研究，为各级领导干部树立了榜样。因此，无论是交通不便的偏远山区，还是经济发展滞后的村落地区，哪里的矛盾尖锐，哪里的群众呼声强烈，各级领导就要到哪里去调研。越是条件艰苦，越能看到群众生活的真实情况，越能掌握现实问题，为决策提供依据。

---

① 《习近平谈治国理政》第 4 卷，外文出版社 2022 年版，第 83 页。
② 《习近平主持召开在中央全面深化改革领导小组第一次会议强调　把握大局审时度势统筹兼顾科学实施　坚定不移朝着全面深化改革目标前进》，《人民日报》2014 年 1 月 23 日。

增强斗争本领，提高调查研究效率。习近平总书记指出，要"促进党员干部特别是领导干部带头深入调查研究，扑下身子干实事、谋实招、求实效"①。调查研究始终以解决问题为根本目的，攻坚克难也绝非逞强好胜、盲目冲动，而是因时因势，善于斗争，以战胜挑战。因此，领导干部要掌握有效的调查方法，学懂弄通做实党的创新理论，理解马克思主义立场观点方法，提高破解难题的能力，并从党性高度增强提高调查研究能力的自觉性和主动性，从多角度、多层面创造性地开展调查，求真务实，为研判形势、作出决策提供坚实的基础。除此之外，各级领导还要注意将调查研究与反思改进相结合，紧贴现实需求，不断审视存在的问题，立行立改、即知即改，真正做到把调查研究的"问题清单"变成工作实绩的"成效清单"。

总而言之，随时应对复杂困难的局面是开展调查研究的常态化课题，党政领导干部必须坚持攻坚克难的原则，增强历史主动，面对困难不逃避，面对风险不畏缩，让调查研究的过程真正成为领悟党的创新理论的过程，从而为全面建设社会主义现代化国家开好局、起好步，推动中国式现代化行稳致远。

五、必须坚持系统观念

不谋全局者，不足谋一域。只有坚持系统观念开展调查研究，才

---

① 习近平：《高举中国特色社会主义伟大旗帜　为全面建设社会主义现代化国家而团结奋斗——在中国共产党第二十次全国代表大会上的报告》，人民出版社 2022 年版，第 68 页。

能从整体上了解事物发展的客观规律、掌握事物发展的战略方向。

第一，统筹好全局和局部的关系，进行全局性谋划。科学的调查研究需要从系统出发，做到上下统一，整体谋划，重点突破。实际上，全局和局部之间存在着辩证关系，既要看到全局趋势，把握大势，也要注重细节，关注局部矛盾和问题，确保各项决策符合国情、符合人民利益。这要求我们站在围绕中心、服务大局的战略视角，把握"五位一体"总体布局和"四个全面"战略布局，明确调查研究的问题在全局中的位置、功能定位、与全局的关系，从战略高度着眼，不偏重一方，不至于"一叶障目，不见森林"。

坚持系统观念，要求调查研究正确统筹全局和局部的关系。首先，树立起整体意识和全局观念，识大体，顾大局。例如，中央和地方的关系，有的地方因为局部利益驱动，存在本位主义、地方保护主义倾向，而国家利益是要考虑到全国大局，地方要服从中央，在维护全局利益上与中央保持一致，不能出现"一放就乱、一乱就收、一收就死、一死就放"的现象。新中国成立之初，毛泽东指出，"全局性的东西，不能脱离局部而独立"。同时，还要注意局部对全局的反作用，充分调动局部的积极性，发挥优势特长，从而把全局和局部有机协调起来。

全局性谋划是总抓手，是调查研究中坚持系统观念的重要前提。习近平总书记多次强调，全面深化改革是一项复杂的系统工程，需要加强顶层设计和整体谋划。这要求在明确重点改革任务的基础上，从全局和局部两方面双向发力，把握好全局和局部的系统性和耦合性，加强各项改革的关联性、可行性，使各项改革举措在政策取向上相互配合、在实施过程中相互促进、在实际成效上相得益彰。

第二，把握好当前和长远的关系，进行前瞻性设计。坚持系统观念，要求调查研究中把握好当前和长远的关系。当前是前提和基础，长远是愿景和蓝图，两者是辩证的统一，互为条件，相辅相成。正所谓人无远虑，必有近忧。无论是抓好"每个五年"国民经济社会发展规划，还是面对第二个百年的奋斗目标，既要脚踏实地解决难题，谋求实效，也要着眼长远打好基础，为未来添薪蓄力。

习近平总书记多次强调要"立足当下、着眼长远"，将之作为重要的工作方法指导实践。在落实党的十八届三中全会以来中央确定的各项改革任务中，要求前期重点是夯基垒台、立柱架梁，中期重点在全面推进、积厚成势，后期要把着力点放到加强系统集成、协同高效上来。这样前、中、后期有计划、分步骤贯通推动，克服了急功近利、急于求成的思想，以实打实的改革举措夯实经济社会可持续发展的根基。要纲举目张，更好统筹当前和长远，既要做好当前工作，又要为今后发展做好衔接，注重目标导向和问题导向相结合，发展需要和现实能力相协调，在抓好当前重点难点问题的同时，加强前瞻性谋划和中长期战略布局，多谋长远之策，多行固本之举。

第三，处理好主要和次要矛盾的关系，进行辩证性分析。俗话说"好钢用在刀刃上，工作做到点子上"，"牵牛要牵牛鼻子"，就是讲集中力量解决主要矛盾和矛盾的主要方面。毛泽东同志在《矛盾论》中深刻阐释了主要矛盾和次要矛盾、矛盾的主要方面和非主要方面及其辩证关系。抓住主要矛盾和中心任务带动全局工作，是我们党一贯倡导和坚持的工作方法。实践证明，认识社会主要矛盾是把握社会发展阶段的"金钥匙",保证了党的路线方针政策的科学性和正确性。

习近平总书记强调:"面对复杂形势、复杂矛盾、繁重任务,没有主次,不加区别,眉毛胡子一把抓,是做不好工作的。"① 在调查研究中,需要坚持重点论和两点论相结合,辩证处理好主要矛盾与次要矛盾的关系。重点论旨在从众多矛盾中抓重点、抓核心、抓关键,突出主要矛盾和矛盾的主要方面,做到抓大放小,而不是主次不分。事实上,一切矛盾都处在不断运动变化之中,还要善于用两点论分析主流和支流,防止以偏概全或者顾此失彼,不犯一点论的错误,以两点的视野聚焦重点,看清问题的本质。

当今世界正处于动荡变革期,各种矛盾交织叠加,辨识和解决矛盾的难度前所未有。因此,要密切关注矛盾的新变化、新特点,用发展而不是静止的观点对待矛盾,准确辨识新形势下的各种矛盾,从全局上厘清矛盾的复杂关系,分清主要矛盾和次要矛盾,抓住主要矛盾和中心任务不放松,在整体推进中实现重点突破。无论各种矛盾多复杂,都要保持战略定力,集中精力办好自己的事情,将发展的主动权牢牢掌握在自己手中。

第四,协调好特殊和一般的关系,进行整体性推进。习近平总书记强调,中国式现代化"既有各国现代化的共同特征,更有基于国情的中国特色"②。这一重要论述深刻阐明了现代化发展的一般和特殊的辩证关系。中国式现代化既遵循了世界现代化演进的一般性规律,又立足本国国情和客观实际,展现出中国特色的特殊风采。这正是特殊

---

① 《习近平谈治国理政》第 4 卷,外文出版社 2022 年版,第 31 页。
② 《习近平谈治国理政》第 4 卷,外文出版社 2022 年版,第 123 页。

和一般在思想理论上的反映。历史证明，厘清矛盾问题的特殊和一般的关系，党的事业就能繁荣发展，如果不能实现特殊和一般的有效统一，党的事业就会遭遇挫折。

坚持系统观念，强调调查研究中协调好特殊和一般的辩证关系。既要重视具体情况，注重实践、科学和创新，又要总揽全局，整体推进，确保实现既定目标、维护国家长期发展战略的一致性。例如，中央全面统筹下推动经济体制改革，针对不同地区和不同部门的实际情况，采取分区域、分步骤的改革举措，实施"一城一策"，不搞一刀切，确保整体改革方向的一致性和稳定性。在脱贫攻坚工作中，同样涉及特殊和一般的问题，对贫困地区始终坚持国家统一的扶持政策和标准，同时，根据各地扶贫的实际需要，因地制宜，分类施策、精准施策，力求将脱贫工作做得更好。

防止特殊和一般关系上的片面性、绝对化，协调好两者的内在统一。在党的历史上，曾出现过教条主义、经验主义的片面性和绝对化。教条主义，对具体的中国问题不重视、不用心研究，"他们一心向往的，就是从先生那里学来的据说是万古不变的教条"①，是以一般性取代特殊性。经验主义，则以自己的经验为满足，是以特殊性替代一般性。在调查研究中，必须协调好特殊和一般的关系，坚决反对教条主义与经验主义，牢固树立起实事求是的思想路线，坚持理论联系实际，在解决中国实际问题中不断实现一般性和特殊性的统一。

---

① 《毛泽东选集》第3卷，人民出版社1991年版，第799页。

第三章

调查研究的辩证法

马克思主义唯物辩证法要求全面、系统、普遍地认识事物，抓住主要矛盾和矛盾的主要方面，不断把握事物的本质，用以指导实际工作。搞好调查研究，要学习掌握唯物辩证法的根本方法，不断增强辩证思维能力，正确处理好以下主要关系。

一、既要重视"调查"又要重视"研究"

实践是认识的来源，是认识发展的动力，调查研究作为一种极为重要的工作方法，包含调查和研究两个环节。调查是指通过各种途径，运用各种方式方法，有计划、有目的地了解事物真实情况；研究则是指对调查材料进行去粗取精、去伪存真、由此及彼、由表及里的思维加工，以获得对客观事物本质和规律的认识。陈云曾强调："领导机关制定政策，要用百分之九十以上的时间作调查研究工作，最后讨论作决定用不到百分之十的时间就够了。"① 各个岗位党员干部从事的工作，常常是复杂而有难度的，中共中央办公厅印发的《关于在全

① 《陈云文选》第 3 卷，人民出版社 1995 年版，第 189 页。

党大兴调查研究的工作方案》中指出，"必须坚持攻坚克难，发扬斗争精神，增强斗争本领，勇于涉险滩、破难题、知难而进、迎难而上，把调查研究成果转化为推进工作、战胜困难的实际成效。"这就要求党员干部要善于利用调查研究这一工作方法，及时、准确、全面地发现工作中的主要矛盾、主要问题和前进中的主要障碍，对症下药地拿出解决办法，创造性地开展工作。

毛泽东曾言："共产党的正确而不动摇的斗争策略，决不是少数人坐在房子里能够产生的，它是要在群众的斗争过程中才能产生的，这就是说要在实际经验中才能产生。因此，我们需要时时了解社会情况，时时进行实际调查。"①"没有调查，就没有发言权"，实践作为认识的来源，调查意味着走出办公室进行实地探访，下到基层一线，有了调查才能了解情况，才能听到人民群众真实的诉求。

习近平总书记高度重视调查和研究。2020 年 7 月到 10 月，习近平总书记先后前往吉林、安徽、湖南、广东等地调研考察，就谋划"十四五"时期经济社会发展充分吸收了社会期盼、群众智慧、专家意见、基层经验。2020 年 9 月 17 日，正在湖南考察的习近平总书记主持召开基层代表座谈会。在基层教育一线工作了近 30 年的湖南常宁市塔山瑶族乡中心小学副校长盘玖仁当面向习近平总书记汇报了工作，提出对"十四五"规划编制的建议。就偏远民族地区基础教育中存在的短板，他提到："首先是教师数量不足，存在结构性缺编；其次是条件艰苦，好的老师留不住……"习近平总书记回应道，"你反

---

① 《毛泽东选集》第 1 卷，人民出版社 1991 年版，第 115 页。

映的问题很实际""昨天我去看了汝城县文明瑶族乡第一片小学,学校里有教学楼、宿舍和食堂,营养午餐是免费的,孩子们很开朗,说明改革开放以来,我们基本解决了义务教育普及化的问题,但教育资源不均衡问题又突出出来。'十四五'时期要着力解决这个问题,要好好研究"。"十四五"规划文件起草组根据调研情况,广泛听取各方面意见和建议,逐条研究分析,反复进行讨论修改,对建议稿增写、改写、精简文字共计366处,覆盖各方面意见和建议546条。广泛的调查是民主决策和科学规划的基础,充分的研究评估和权威的分析论证是民主决策和科学规划得以落地实施的重要保证。

开展调查研究的目的就在于解决问题。毛泽东说:"你对于那个问题不能解决吗? 那末,你就去调查那个问题的现状和它的历史吧! 你完完全全调查明白了,你对那个问题就有解决的办法了。一切结论产生于调查情况的末尾,而不是在它的先头。"① 习近平任福建省省长时,坚持先调查再研究后决策。他说过,没有调查研究就不要决策。1978年福建经济总量排在全国第22位,改革开放后,1999年经济总量上升到第11位。时值世纪之交,怎样抓好新世纪的经济工作成了福建发展的头等大事。2000年上半年,习近平作了密集的专题调研,他两次赴泉州,还前往福州、厦门等地,了解了福建经济的短板,提出要通过调整经济结构和产业结构推动产业发展,把经济进一步搞上去。2000年7月,在前期调研基础上,习近平主持召开全省经济结构调整工作会议,提出"六个调整"——"调快、调大、调高、调新、

---

① 《毛泽东选集》第1卷,人民出版社1991年版,第110页。

调优、调活", 提高全省经济综合竞争力。2014年, 习近平总书记在福建视察工作时强调, 当时在调研基础上开出的"方子"——经济总量不能"大"而不"强", 经济要有内核、要有综合竞争力, 经济结构要往这个方向去调。调查研究的过程就是要尽力收集并充分占有客观物质世界的详细资料, 形成关于认识对象的丰满认识, 再进行去粗取精、去伪存真、由此及彼、由表及里地对比、交换、反复, 直至寻找到解决问题的办法。

领导干部应坚持一切从实际出发, 练好调查研究这项基本功, 着力推动现实问题的解决。习近平总书记为推动长江经济带发展, 先后到重庆、湖北、湖南、江苏等地调研, 3次召开专题座谈会; 为推动东北全方位振兴, 先后到东北调研7次, 2次召开专题座谈会; 为推动黄河流域生态保护和高质量发展, 先后到河南、甘肃等地考察调研并召开专题座谈会……多年来, 习近平总书记从调查研究中了解基层群众所思、所想、所盼, 发现问题的痛点、难点、堵点, 找到了许多啃掉"硬骨头"、越过"险滩"的具体路径。正是因为在决策前做好了调查、研究、分析、论证的工作, 才能着力推动现实问题的解决。

二、既要"有提纲"又要忌"带框框"

事物是不断发展变化的, 在调查研究中要坚持问题导向, 做到既要"有提纲"又要忌"带框框"。中共中央办公厅印发的《关于在全党大兴调查研究的工作方案》中指出, "必须坚持问题导向, 增强问题意识，敢于正视问题、善于发现问题，以解决问题为根本目的，真正把情况摸清、把问题找准、把对策提实，不断提出真正解决问题的新思路新办法。"刘少奇曾言："我们是为解决问题作调查，要照毛主席讲的办，甘当群众的小学生，不带框框，认真听取群众意见，让群众把心里话讲出来。"[①] 在实际工作中，党员干部要做好调查研究需要经历一系列的过程，调查研究大体上分为调查准备、调查实施、研究分析和总结写作四个阶段。即通过各种途径，运用各种方式方法，有计划、有目的地了解事物真实情况，以获得对客观事物本质和规律的认识。

在调查研究中应辩证地看待"有提纲"和"带框框"，做到心中有全局，胸中有针对。毛泽东曾多次主持召开调查会，并且每次调查会前，他都要认真地列好调查提纲，精心挑选调查对象。寻乌调查期间，在考察土地斗争时，毛泽东不仅考察了分配土地的方法，而且考察了山林分配问题、池塘分配问题、房屋分配问题，这说明毛泽东对农村问题有着深刻的研究，非常了解农村生产生活资料的构成。毛泽东在才溪乡的调查，也事先列出了调查提纲，调查提纲既全面又具体。如调查物价，谷子在暴动前一担卖多少钱？暴动后卖多少钱？猪、鱼、鸡、鸭、蛋、木、铁、布、盐、茶、纸、油等一概问了个全。毛泽东去调研是有备而去，是心里装着问题、脑中带着提纲，有的放矢、非常具有针对性地开展调查研究的。1928 年 1 月 10 日后，毛泽东在遂川亲自拟定了调查提纲，内容包括政治、经济、军事、文

---

① 刘少奇思想生平研究分会、湖南刘少奇同志纪念馆编：《在少奇身边的日子》，中央文献出版社 2010 年版，第 305 页。

化及群众生活等状况，要指战员着重调查工农受压迫、受剥削的情况及其要求。① 1949 年 4 月 10 日，刘少奇为贯彻中共七届二中全会精神，受中共中央委托，到天津视察和指导工作，并拟定《天津工作问题》的调查提纲。② 不难发现，党的领袖们在调查研究中一直有列调查提纲的习惯。不仅如此，在实际工作中还要求调查提纲要列得全面，要把各方面都想好，做到"打有准备之仗"。

陈云历来推崇调查研究应具有三大步骤，第一步便是拟定重点提纲，这样使调查研究能有的放矢。调查研究之前，在了解面上的情况和主要把握重点问题的基础上，拟订出调查提纲。调查提纲要明确具体、切中要害，具有以小见大、举一反三的效果，切忌泛泛而定、大而化之，以免使调查研究流于形式、不能深入有效。可以说，调查提纲实际上是一个调查人员集中调查目标的一个思想行动规范，使每一个调查人员参加调查以后，就能进入"角色"。这样在面对鲜活繁杂的实际情况时，调查起来心里就会有底，不至于束手无策，从而提高调查研究的针对性，增强调查研究的效果。

"不要有框框，带框框就是找材料来证明我们是对的。"③ 开展调查研究要把握好事物之间以及事物内部诸要素之间的联系，做到具体问题具体分析。在调查研究中要坚持科学态度、运用科学方法，实事求是地进行研究。调查研究过程中忌带主观性、片面性和表面性，从

---

① 中共中央文献研究室：《毛泽东年谱》上卷，中央文献出版社 2002 年版，第 231 页。
② 中共中央文献研究室：《刘少奇年谱（1898—1969）》下卷，中央文献出版社 1996 年版，第 192 页。
③ 《邓子恢自述》，人民出版社 2007 年版，第 464 页。

事实中分析问题，不能根据主观意愿去找材料，要客观地、实事求是地进行调查，以求全面地占有材料。

还应注意，调查研究工作并不是一成不变的，要善于在调查研究中及时调整、修改和补充，及时找准新动向、发现新问题、掌握新情况。习近平总书记曾在参加江苏代表团审议时提起看过的一份关于"培养一批'一县一业'重点基地"的文件，他特别提醒道："一个县是不是光靠一个产业去发展，要去深入调研，不能大笔一挥，拨一笔钱，这个地方就专门发展养鸡、发展蘑菇，那个地方专门搞纺织，那样的话肯定要砸锅。"中国地域辽阔，从南到北，一地有一地的资源禀赋、区位优势，产业基础、农民的种养习惯也各不相同，发展产业须从各地实际出发，具体问题具体分析，不能照搬别人的产业模式，也不能不了解实际情况就随意下指标、定任务。调查研究就像"十月怀胎"，决策就像"一朝分娩"。要善于从问题的表象入手，具体调查和仔细研究分析问题，形成对整体的把握，认识事物发展的趋势和规律，挖掘解决问题的思路和想法，形成对事物的全面的认识，找到正确解决问题的办法。

"调查研究的过程就是科学决策的过程，千万省略不得、马虎不得。"[①] 1941 年 8 月，中共中央发出由毛泽东起草的《中共中央关于调查研究的决定》，进一步提出"系统的周密的社会调查是决定政策的基础"，要求全党广泛开展社会调查，以克服主观主义和形式主义。调查研究就是要认清调查对象的本来面目，深入实际、深度了解，只

---

① 习近平：《之江新语》，浙江人民出版社 2007 年版，第 154 页。

有与群众面对面、与实际情况面对面、与困难问题面对面，才能了解问题之外还有没有别的相联系的问题，才能挖掘问题背后更深入的问题，找到问题的终点，摸清问题形成的整个过程，使得调查研究能够兼顾全局和局部。调查研究就是要找出问题的表层是什么、里层是什么、深层是什么，既要有提纲，又忌"带框框"，不能被提纲所束缚，深入地进行立体式调查，才能找到问题的症结所在，真正达到调查研究的目的，把握推动工作的主动权。

三、既要"身到"基层又要"心入"基层

开展调查研究应密切联系群众，既要"身入"寻常百姓家，又要"心至"老百姓的心坎里。习近平总书记在中共中央政治局民主生活会上曾指出，中央政治局的同志要拜人民为师，向人民学习，放下架子、扑下身子，接地气、通下情，"身入"更要"心至"。党的一切工作"归根到底都是为了实现好、维护好、发展好最广大人民的根本利益"，基层作为各种组织中最基本的直接联系群众的部分，是党员干部的工作焦点。"调查研究要注重实效，使调研的过程成为加深对党的创新理论领悟的过程，成为保持同人民群众血肉联系的过程，成为推动事业发展的过程。"①

在调查研究中应辩证地看待"身到"基层和"心入"基层，做到

---

① 《十九大以来重要文献选编》（中），中央文献出版社 2021 年版，第 114 页。

深入基层、扎根基层。基层调查研究中只做到"身到"是远远不够的，要"身到"更要"心入"，才能"深入"。习近平同志曾言："'深'，就是要深入群众，深入基层，善于与工人、农民、知识分子和社会各界人士交朋友，到田间、厂矿、群众和社会各层面中去解决问题。"①

毛泽东在寻乌调查中，就注重与调查对象交朋友，在1941年9月13日的《关于农村调查》一文中提道："开始时，他们很疑惧，不知我究竟要把他们怎么样。所以，第一天只是谈点家常事，他们脸上没有一点笑容，也不多讲。后来，请他们吃了饭，晚上又给他们宽大温暖的被子睡觉，这样使他们开始了解我的真意，慢慢有点笑容，说得也较多。到后来，我们简直毫无拘束，大家热烈地讨论，无话不谈，亲切得像自家人一样。"② 有一次，毛泽东为了向当地农民了解真实情况，就帮对方插秧，在共同劳动中和对方拉近关系，以了解真实情况。正如毛泽东所说："没有满腔的热忱，没有眼睛向下的决心，没有求知的渴望，没有放下臭架子、甘当小学生的精神，是一定不能做，也一定做不好的。必须明白：群众是真正的英雄，而我们自己则往往是幼稚可笑的，不了解这一点，就不能得到起码的知识。"③

调查研究是一项艰苦细致的工作，不想付出只想收获，是调查不出什么东西的。党员干部要接地气，要深入基层，就如同一棵树要长得越高，根就要扎得越深一样，干工作，就要学会脚步向下、多到基

---

① 习近平：《之江新语》，浙江人民出版社2007年版，第1页。
② 《毛泽东文集》第2卷，人民出版社1993年版，第384页。
③ 《毛泽东选集》第3卷，人民出版社1991年版，第790页。

层，不要满足于坐在办公室里听汇报、看材料、发号施令，要经常"屁股挪挪窝"、走出"空调间"，让皮鞋沾点新鲜泥土，从基层一线的"第一现场"和"一手资料"中去真找问题、找真问题。

调查研究工作不仅要"身入"，更要"心入"、"情入"。开展调查研究必须坚持从群众中来，到群众中去。习近平总书记指出，热爱人民不是一句口号，要有深刻的理性认识和具体的实践行动，对人民，要爱得真挚、爱得彻底、爱得持久，就要深深懂得人民是历史创造者的道理，深入群众、深入生活，诚心诚意做人民的小学生。我讲要深入生活，有些同志人是下去了，但只是走马观花、蜻蜓点水，并没有带着心，并没有动真情。要解决好"为了谁、依靠谁、我是谁"这个问题，拆除"心"的围墙，不仅要"身入"，更要"心入"、"情入"。①各级领导干部都要强化公仆意识，时刻牢记党的根本宗旨，始终把群众利益放在第一位，通过各种形式深入群众之中，体察民情、体验民生、体会民意，问政于民、问需于民、问计于民，千方百计为群众排忧解难。

要"身入"基层、"身入"群众，更要"心入"基层、"情入"群众，做到察真情、察实情、察隐情，在群众最盼的时候慰民心，在群众最急的时候解民忧，在群众最难的时候办实事，这样才能真正做到权为民所用、情为民所系、利为民所谋。在福州，习近平建立起领导干部下访接待群众制度，走遍福州八县五区。他曾带领福州市区领导，两天接待700位来访群众，当场拍板、限期解决近200个问题。2005年，

---

① 《习近平谈治国理政》第 2 卷，外文出版社 2017 年版，第 318 页。

习近平全年有 117 天在外调研，做了 30 次大的调研，足迹遍及浙江全省各市。2006 年 8 月 16 日，习近平同志率领的浙江省党政干部接访团，在衢州市衢江区工贸职校接访。当时，此地共设立土地拆迁、劳动和社会保障、基层组织建设及腐败、涉法涉诉等 15 个来访接待室。一个上午的时间里，便接待了 167 批次、315 人次来访群众，当场解决 76 个问题。

习近平总书记对脱贫攻坚工作亦是如此。2012 年 12 月 29 日下午，他冒着严寒，驱车 300 多公里，来到太行山深处的阜平县，连夜听取当地工作汇报。习近平总书记说："专程来这里看望大家，就是为了解我国现在的贫困状态和实际情况。你们（当地干部）得让我看到真正情况，不看那些不真实的。所以走得远一点，哪怕看得少一些，是真实的，才是值得的！"从阜平县继续往西约 50 公里，是龙泉关镇骆驼湾村。2012 年 12 月 30 日之前，连阜平县城里的很多居民都不了解这个村子的存在。习近平总书记走进困难群众唐荣斌家、唐宗秀家看望，盘腿坐在炕上，同乡亲手拉手，询问他们一年下来有多少收入、粮食够不够吃。看到一些乡亲尚未摆脱贫困、生活还比较困难，习近平总书记强调，只要有信心，黄土变成金。随后，习近平总书记来到龙泉关镇顾家台村看望困难农户。他同村干部、群众、驻村干部促膝相坐，共商加快脱贫致富之策。他叮嘱要原原本本把党的政策落实好，想方设法尽快让乡亲们过上好日子。

2020 年，面对突如其来的新冠疫情，习近平总书记亲自深入北京、武汉、浙江等地，对新冠疫情的实际情况进行调研，给人民群众注入了必胜的决心和信心。基层的事情绝没有那么简单，但也没有想象得那么难，关键还在于党员干部是不是和老百姓站到一起、想到一起、干到一起，是不是和百姓一条心。因此，通过既要"身到"又要"心入""情入"的调查研究，把情况吃透、掌握准，想群众之所想，急群众之所急，用实际行动去回应群众期盼、解决群众问题。

四、既要听"顺耳话"又要听"逆耳言"

既要听"顺耳话"又要听"逆耳言"，这是从事调查研究的基本态度和方法。既要到工作形势好和先进的地方去总结经验，又要到困难较多、情况复杂、矛盾尖锐的地方去研究问题，特别是要到群众意见多的地方去，多到工作做得差的地方去，既要听群众的"顺耳话"，也要听群众的"逆耳言"，这样才能听到实话、察到实情、收到实效。"耳中常闻逆耳之言，心中常有拂心之事，才是进德修行的砥石。若言言悦耳，事事快心，便把此身埋在鸩毒中矣。"于个人而言，"顺耳话"是正向激励，"逆耳言"是反向鞭策。对调查研究来说，认真倾听和吸纳人民群众的建言献策和批评意见方能行稳致远。

调查研究中要认真倾听和吸纳人民群众的建言献策和批评意见，应辩证地看待"顺耳话"和"逆耳言"。知政失者在草野，群众真言值千金。在调查研究过程中，要问问家长里短事、听听鸡毛蒜皮言，与群众坐在同一条板凳上，同群众一起讨论大家关心的问题，倾听他们的呼声，体察他们的情绪，感受他们的疾苦，总结他们的经验，集中他们的智慧。既要了解群众盼什么，也要了解群众怨什么；既要听群众的"顺耳话"，也要听群众的"逆耳言"；既要让群众反映情况，也要请群众提供意见。

　　1957年2月18日至4月14日，刘少奇约请全国总工会、共青团中央、教育部等单位有关干部和身边工作人员组成调查组，南下五省，围绕人民内部矛盾问题，进行一次深入广泛的专项调研。在保定农村调研时，有同志讲，老百姓最不满意的是大队范围内生产队的统一分配。有农民讲，好的生产队的粮食往差的生产队拉，大家不敢反对，但心里难受。刘少奇听了后说："从你们的反映中间就可以看出来，这些问题需要我们认真地对待，很好地解决。"① 通过调研，刘少奇结合实际情况，提出了一系列具有改革意义的主张和设想。而后在毛泽东倡导下，1957年全党和全国形成了一个围绕如何正确处理人民内部矛盾问题而展开的学习热潮。

　　共产党人以解放全人类为己任，更应该有广阔的胸怀，不管批评指责多么刺耳，多么令自己难受，也要虚心倾听，诚恳地接受正确的批评意见，即使是不正确的批评，也要吸纳其中的合理因素，并研究意见产生的原因，联系考虑改进自己的工作，该解释的解释，该说明的说明，认真负责加以处理，使人民群众信任。领导干部"一定要虚心，多听不同的意见"，要容得下尖锐批评，做到有则改之、无则加勉。陈云强调："领导干部听话要特别注意听反面的话。相同的意见谁

---

① 中央文献研究室第二编辑部编：《话说刘少奇》，中央文献出版社2000年版，第95页。

也敢讲，容易听得到；不同的意见，常常由于领导人不虚心，人家不敢讲，不容易听到。我们一定要虚心，多听不同的意见。"① 中国共产党作为无产阶级的政党，就怕听不到人民的声音，最可怕的是鸦雀无声。

1961 年 5 月 3 日，周恩来前往河北邯郸武安县伯延公社进行深入调查，走访了几十户社员家庭，视察了生产队的公共食堂，还到公社商店了解商品价格。在伯延公社的一次座谈会上，一个叫张二廷的社员直言不讳地对周恩来说："这两年生活一年不如一年。""如果再这样下去两年，连你也会没有吃的。""因为我们当然首先要顾自己，你们征购不到，还不是没有吃的？"周恩来后来说："这句话对我教育很大，我很受感动。当时在场的地委干部听了以后，说这个人是个落后分子。我跟他们解释：这样看不对，这个社员说的是真理，一个农民把我们看作他自己的人才会说这样的话，这是一针见血的话。"座谈后周恩来来到张二廷的家，张二廷又向周恩来如实反映了伯延公社遭灾情况和公共食堂等方面存在的问题。通过认真深入的调查，周恩来掌握了大量第一手情况，并向毛泽东汇报了调查情况。在此期间，毛泽东还收到其他领导人从各地发来的调查报告，普遍不赞成办公共食堂，不赞成在分配上实行供给制。在大量调查研究的基础上，1961年 5 月 21 日至 6 月 12 日，中共中央讨论并修改了《农村人民公社工作条例（草案）》，形成修正草案。其中，最重要的修改，一是取消供给制；二是规定办不办食堂，"完全由社员讨论决定"，实际上取消了公共食堂制度，为国民经济调整开了个好头。

---

① 《陈云文选》第 3 卷，人民出版社 1995 年版，第 188 页。

中国共产党的调查研究就是在不断增强"听力",充分收集民意的过程中更加贴近群众实际情况,为解决问题提供针对性意见建议。焦裕禄在兰考的470天,推着一辆自行车、踩着一双铁脚板,专门到条件艰苦、矛盾集中、困难突出的地方走访和蹲点调研,与群众面对面交谈,听到"不一样的声音",听到群众倒出的"苦水",这些"弦外之音"是群众最真实的声音。这就是"真听声音、听真声音"的调查研究。

领导干部应善于从"逆耳言"中感悟真知灼见、汲取智慧和力量。领导干部在实际工作中要敢于直面矛盾的尖锐点、意见的集中点,既能听得进逆耳的声音,更能听得进不符"口味"的刺耳的声音。听"逆耳言",是研究问题、破解难题的需要。陈云曾说,"如果群众议论纷纷,这是好事,如果一片鸦雀无声,那就不妙了"。愿不愿意听、听不听得进"逆耳言",其实也是干部能力水平高不高、作风正不正、党性纯不纯的重要表现。"掌声""骂声"都要听,"顺耳""逆耳"都听进,剔除"杂音"选"真音",领导干部应善于从"逆耳言"中感悟真知灼见、从"逆耳言"中汲取智慧和力量,提升理性认识,找到啃下"硬骨头"的关键钥匙,更好地回应群众期待,作出经得起历史、实践、人民检验的实绩。

五、既要"不唯上"又要"不媚下"

调查研究要坚持实事求是的原则,既要"不唯上"又要"不媚下"。习近平总书记指出:"调查研究要坚持实事求是的原则。要树立求真务实的作风,坚持追求真理、修正错误的勇气,从客观实际出发,坚持结论产生在调查研究之后,建立在科学论证的基础上。对调查了解到的真实情况和各种问题,坚持有一是一、有二是二,既报喜又报忧,不唯书、不唯上、只唯实。"①"不唯书、不唯上、只唯实",就是强调事实与实践的重要性。上级领导的讲话和书本上的理论固然不能当作耳边风、弃之不顾,但也决不能盲信盲从。"不唯书、不唯上、只唯实",就是要求我们一切从实际出发,勇敢地接受实践的检验。这与毛泽东提出的实事求是是一脉相承的,生动地体现了辩证唯物主义和历史唯物主义的基本原理。

要以"不唯上"和"不媚下"的态度进行调查研究,找到解决问题的方法。陈云曾提出,决策时"应当把这百分之九十九的力量用在了解情况上",领导干部在作重大决策之前,必须亲自搞调查研究。"不唯上,不唯书,只唯实;交换、比较、反复"表达了唯物辩证的思想方法。"不唯上,不唯书,只唯实""九字方针"进一步深化和具体化,陈云还创造性地提出了"三个结合"的主张,其中一个重要的结合是把实事求是与调查研究相结合。不断进行理论创新,不能照搬书本、照搬上级,而只能唯"实"。这个"实",就是要根据我们的世情、国情、党情以及社情民意,创造性地制定党的路线、方针、政策,并运用到实际工作中去。

由于对社会主义建设经验不足,也由于没有经过认真的调查研究

---

① 中共中央宣传部编:《习近平总书记系列重要讲话读本》,学习出版社、人民出版社2014年版,第183页。

和试点，20世纪50年代末期发动的"大跃进"和人民公社化运动，使高指标和"共产风"盛行。主观上的工作失误和客观上的严重自然灾害，导致20世纪60年代初我国国民经济发生严重困难。在严峻的形势面前，毛泽东等中央领导人很快意识到，当务之急是正确认识客观实际并对国民经济进行调整。为此，毛泽东呼吁全党大兴调查研究之风。在他带头提倡下，刘少奇到湖南，周恩来到河北，朱德到四川、河南，陈云到上海，邓小平到北京郊区县等地进行调查研究。同时，根据中央和毛泽东的部署，邓小平主持召开中央书记处会议专门研究农业问题，并派出十个调查组分赴"三北"（华北、东北、西北）、山东、四川等地调查。根据安排，习仲勋到河南长葛，廖鲁言到山西晋东南，胡耀邦到辽宁，王从吾到黑龙江，钱瑛到甘肃，陈正人到四川，王观澜到陕西，徐冰到山东，杨尚昆到河北安国和徐水，分别进行调查研究。从中央到地方，各级领导同志纷纷走出机关，深入基层进行调查研究。这次调查研究为国民经济调整提供了可靠的依据和坚实的基础，而国民经济调整又成为推动调查研究广泛深入发展的强大动力，两者起到了很好的互相推动作用。

一段时间以来，随着反腐倡廉巡视监察力度的加大，一些领导干部生怕下属或群众反映问题，因而对下属的问题"睁一只眼闭一只眼"，不批评、不指正，搞一团和气。"媚下"是一种无原则、无是非、无责任、无担当、无政德的表现。习近平总书记强调，"领导干部要讲政德。政德是整个社会道德建设的风向标。立政德，就要明大德、守公德、严私德"。领导干部必须坚决抵制"媚下"，维护风清气正的政治生态。正气在身，方能以身作则，以上率先。

六、既要"报喜"又要"报忧"

有喜报喜，有忧报忧。报喜比较容易，报忧比较难。如果报喜藏忧，隐情不报，讲成绩一套一套，讲问题寥寥几句，或者干脆不讲，把矛盾捂起来，是十分有害的。在实际工作中，领导干部不能急功近利、沽名钓誉、搞形式主义；不能弄虚作假、虚报浮夸、报喜不报忧；不能听喜不听忧、使报喜者得喜、报忧者得忧。要讲成绩不夸大、说问题不掩饰，抵制华而不实、弄虚作假的歪风。

调查研究中应辩证地看待"喜"和"忧"，既要报喜又要报忧。2017 年 12 月 15 日，习近平总书记在中央宣传部呈报的《弘扬脱贫攻坚精神，推动农村物质文明和精神文明协调发展——寻乌扶贫调研报告》上的批示中指出："各级领导干部要带头调研、经常调研，扑下身子，沉到一线，全面了解情况，深入研究问题，把准事物的本质和规律，找到破解难题的办法和路径。要实事求是，有一是一、有二是二，既报喜又报忧，特别要力戒形式主义、官僚主义，坚决反对在调查研究中走马观花、浅尝辄止、一得自矜、以偏概全，草率地下结论、做判断。"[①] 中共中央办公厅印发的《关于在全党大兴调查研究的工作方案》中指出："必须坚持实事求是，坚守党性原则，一切从实际出发，理论联系实际，听真话、察实情，坚持真理、修正错误，有一是一、有二是二，既报喜又报忧，不唯书、不唯上、只唯实。""既

---

① 《习近平谈治国理政》第 3 卷，外文出版社 2020 年版，第 500 页。

报喜又报忧"的多次提及对党员干部来说，蕴含着作风之变、观念之变乃至行事"逻辑"之变。

领导干部需要正确看待"喜"和"忧"。"喜"和"忧"并不是截然对立的。成绩如果不正确看待，有一天反而可能会成为劣势；正视问题和不足，寻求解决之道，短板也有可能成为发展的跳板。在着手调查研究时，须搞清楚两者间的辩证关系。21世纪之初的浙江，有明显优势，但也面临不少"成长的烦恼"。时任浙江省委书记的习近平同志通过深入地调查研究发现了这些问题，并且从不讳言问题。针对浙江资源紧缺、环境容量小等制约，习近平同志提出要"立足浙江发展浙江"，而且要"跳出浙江发展浙江"，充分发挥浙江人敢闯天下的优势，在大力引进各种要素的同时打到省外去、国外去，通过外部市场实现更大的发展。习近平同志从实际出发擘画实施了"八八战略"，为浙江找到了高质量发展的总纲领。无论喜还是忧，在全党大兴调查研究，就是要把这些真实情况"有一是一、有二是二"地摸清楚，为制定决策、落实部署、破解难题找到那把"真"钥匙。

领导干部要扎实进行调查研究，才能发现"喜"与"忧"。发现成绩容易，但是找到问题则需要下一番功夫。有的时候不是不想发现问题，而是问题隐藏得比较深，走马观花式的调研发现不了。调研成果要有"喜"有"忧"，就得深深地"扎"下去。1944年7月底，毛泽东为使中央在今后能对几项重要工作予以正确决策，致电李先念、罗荣桓、邓小平、程子华等人，请他们调查延安整风以后党外人士的团结与"三三制"的推行中是否产生了"左"的现象等10个问题。毛泽东要求用当地有说服力的材料作答，"每项不必太详，以能扼要说明问题为限"。时任中共太行分局书记的邓小平收到毛泽东的电报后，立即下基层收集第一手材料，经过认真、细致的调查研究，如实地撰写了回答毛泽东提出的 10 个问题的报告。这份只有 5000 字的报告，内容充实，材料准确，有说服力，且言简意赅。报告对所调查的材料做认真的分析与概括，说明邓小平的工作是十分扎实的。报告中既报喜又报忧，不回避矛盾，也不遮掩错误。报告为党中央正确决策提供了真实可靠的依据。

第四章

调查研究的"六类型"

　　在具体实践中，不同的工作目的要求实施不同的调查研究类型。《关于在全党大兴调查研究的工作方案》提出了六种调查研究类型，分别是事关全局的战略性调研、破解复杂难题的对策性调研、新时代新情况的前瞻性调研、重大工作项目的跟踪性调研、典型案例的解剖式调研、推动落实的督查式调研。这六种调查研究在时间顺序上包含了问题的发现、分析、解决与督查等环节，在空间范围上也兼顾了问题的全局性、关联性、个体性，是各级领导干部都应熟练掌握的调查研究类型。

一、事关全局的战略性调研

　　每一位领导干部在成长过程中，都会历经多个不同的岗位。而每到一个新的岗位，无论是想"新官上任三把火"，还是继续坚持"一张蓝图干到底"，都必须做好事关全局的战略性调研。

　　全面把握现实情况的必然路径。对领导干部而言，想要深入了解本地区、本行业的相关情况，固然可以通过翻阅大量的档案、资料、文件等材料，加快形成关于本地区、本行业的直观印象。但从真实效果看，只有通过事关全局的战略性调研，领导干部直接深入一线，全方位、近距离、多领域地开展调研活动，掌握地区、行业发展的真实情况，才能最大限度为各项战略部署提供坚实支撑。

准确分析问题矛盾的有效工具。能不能找准制约工作进展的核心问题和矛盾，往往是决定最终工作质量的关键因素。问题的矛盾找得准，工作就有抓手，质量就有保障；问题的矛盾找不准，工作就会陷入乱糟糟的境地，最终的工作质量也就可想而知了。因此，对领导干部来说，在事关全局的战略性调研过程中，准确找到事关全局的关键问题与矛盾并深入剖析这些问题与矛盾的成因，是顺利实现全局目标的前提条件。

科学制定发展战略的根本前提。任何调研都有目的，科学制定事关整个地区和行业发展前景的全局战略，就是战略性调研的根本目的。得益于中国政治体制的强大行动力，全局战略的科学性和准确性对最终发展质量具有重要影响。在这种背景下，各级领导干部能否通过实施事关全局的战略性调研，全面准确掌握地区和行业的真实情况，将直接决定最终战略的实施效果。

可见，事关全局的战略性调研是帮助领导干部迅速摸清情况、发现真实问题、全面找准原因、提出科学方案的调研类型，对领导干部做好工作具有无可替代的重要作用。当然，也正是因为战略性调研事关全局，所涉及的工作领域多、面临的各种问题和情形较为复杂、最终战略可以选择的发展方向也存在巨大的不确定性，做好战略性调研并不容易。

在地方工作的二十多年间，习近平同志高度重视事关全局的战略性调研。他在正定县提出的"半城郊型"经济发展战略、在福州市提出的"3820"战略工程、在浙江提出的"八八战略",也都是在经过一系列事关全局的战略性调研之后,才逐渐形成的全局性战略。这些调研为各级领导干部做好事关全局的战略性调研提供了具有极高价值的参考。

以"3820"战略的提出为例,在福州工作期间,习近平同志亲自主持编制了《福州市 20 年经济社会发展战略设想》(简称"3820"战略工程),系统地谋划了福州 3 年、8 年、20 年经济社会发展的目标、步骤、布局、重点等,有效地引领和支撑了福州市自此以后的 20 年高质量发展过程。而这项战略的顺利形成,与全局性调研所发挥的支撑作用密不可分。

首先,面对错综复杂的发展局面,需基于系统思维找到破局关键。20 世纪 90 年代初,福州市同时面临多个领域的发展难题。比如,虽然是省会,但工业底子薄,以轻工业为主,一条工业路基本就可摸清家底;财政压力大,可动用的财力大概只有两亿元,仅是"吃饭财政";交通闭塞,无高速公路、无大型港口、无大型机场;干部的思想观念、发展理念与沿海先进地区也有差距。面对各个领域都存在难题的复杂局面,时任福州市委书记的习近平同志并没有马上提出新的发展口号,而是坚持系统思维,立足发展全局,以调查研究开路,深入思考整个福州市的发展问题。从 1990 年 4 月到 1992 年 5 月,他有三分之二以上的时间都在基层调查研究。1992 年 5 月 22 日,在经过两年多的调研后,习近平同志在福州市党代会上明确指出:"现在就要做一些深层次的探讨,研究 20 年后福州市将达到怎样一个发展水平。"① 可见，在经过多次全局性调研后，习近平同志对当地遇到的发展困难及其发展方向都有了深入和全面的思考，通过实施全局战略来提升福州的发展能力和发展水平被摆在了最为重要的位置。

其次，面对不同领域的不同现状，须通过全面调研掌握真实情况。全局战略是影响一个地区可持续发展的重大战略，必然要求能够破除各种各样的发展难题。为了能够更全面地发现问题、找准问题、挖掘原因，整个"3820"战略工程的调研工作做得非常扎实。在习近平同志领导下，福州开展了"3820"战略工程的万人问卷、千人调研、百人论证活动；1627 名干部围绕 581 个课题调查研究，完成了367 篇调研报告；课题组分赴广东、海南、上海、北京等地考察，借鉴先进经验；市委召集各领域的专家学者、企业负责人，先后召开数十场不同类型的征求意见会。此外，由于"3820"战略工程是涉及福州市的系统和长期战略，为了满足福州市市民的发展需要，习近平同志还要求在《福州晚报》刊发调查问卷，征求市民建议。仅半个月时间，就回收 28785 张答卷、24536 条建议。也正是得益于这种全面、深入、多样的调研方式，"3820"战略工程为福州市提供了完整的发展战略体系，全方位地满足了福州与福州市民的发展需求。比如它规划了市区、北翼、南翼等"七个战略布局"，明确了拓宽开放领域、加快各类投资区建设等"十二个战略重点"；制订了鼓楼、台江等 13 个县（市）区发展计划，形成了金融、农业、工业、环保等 27个专项安排，确定了长乐国际机场、福州港、冠捷电子、闽江防洪堤

---

① 本书编写组：《闽山闽水物华新——习近平福建足迹》（上），人民出版社、福建人民出版社 2022 年版，第 195 页。

等 40 个重点工程。

最后，面临战略选择的不确定性风险，需坚持长远眼光有效应对挑战。任何战略的制定都涉及对未来发展趋势的判断，而战略选择的多样性也增加了战略实施的不确定性风险，城市发展战略尤其如此。对此，在"3820"战略工程的制定过程中，习近平同志明确提出："今天，我们是站在创造未来的源头上，就应当树立超前意识，敢做时代的弄潮人。"[1] 实际上，在福州期间，习近平同志多次要求跳出福州看福州，放眼全国乃至全世界来谋划发展，着眼于 21 世纪、着眼于海峡两岸交流、着眼于全面发展。如在战略目标上，"3820"战略工程坚持以长期目标为导向，明确了三个战略步骤，用 3 年时间即到1995 年使经济上一个大台阶，主要指标在 1990 年基础上再翻一番；力争用 8 年时间即到 2000 年，使全市城乡各项人均水平等主要指标达到国内先进城市的发展水平；用 20 年时间即到 2010 年左右，达到或接近亚洲中等发达国家或地区当时的平均发展水平。在重要基础设施上，习近平同志当年根据"3820"战略工程确定的布局，全面推进深水码头、高速公路、城市快速路、电力能源等重大基础设施建设。1992 年市区二环路动建之初，周边大部分还是郊区。习近平同志指出，不仅要建二环路，以后还要建三环路。如今，当年的城郊早已大厦林立，二环路、三环路成为福州城区交通主动脉，四通八达的交通路网不断延伸。在重要的战略布局上，"3820"战略工程就已经提出要建设"海上福州"，发展海洋经济。也正是因为"3820"战略工程

---

[1]　本书编写组：《闽山闽水物华新——习近平福建足迹》（上），人民出版社、福建人民出版社 2022 年版，第 197 页。

立足长远、着眼未来，所提出的各项战略举措才能够延续至今，为福州自 20 世纪 90 年代至今的高质量发展提供长期指引。

可见，领导干部想要做好事关全局的战略性调研，至少应做到如下三点。首先，在认识上要坚持系统思维。全局战略就必须坚持系统思维，要竭力避免在工作开展初期就陷入具体领域、具体问题、具体事务的细枝末节中，要通过准确把握工作的整体性和系统性来及时发现工作的主要矛盾，为科学制定全局战略提供根本保障。其次，在方法上要坚持全面调研。全局战略的科学性高度依赖决策者掌握信息的全面程度，只有通过多种不同类型的调研方式，全方位深入了解各领域、各地区、各行业、各组织、各群体的客观情况与真实需求，最终制定的全局战略才能高度契合工作实际，从而发挥最大效果。最后，在举措上要坚持长远眼光，全局战略是对未来发展趋势与发展环境的系统预判，这种预判不仅仅只基于当前的发展基础与发展环境，更要考虑未来的发展变化与发展机遇可能会带来的不确定性冲击。只有这样，最终制定的全局战略才会具备足够强的发展韧性、包容性与持续性。

二、破解复杂难题的对策性调研

破解复杂难题的对策性调研是最为常见的一种调研类型，也是各级领导干部开展工作的重要工具。与事关全局的战略性调研不同，对策性调研的目的在于破解某一个或某一类复杂难题，对象清晰、目标明确，对推动具体问题的解决从而实现整个地区和行业的高质量发展，具有重要价值。

实事求是作风的直接体现。实事求是是我党的优良传统，是贯穿党的建设方方面面的制胜法宝。在现实工作中，任何地方、任何部门都会持续面临各种各样的发展难题，敢不敢直面复杂难题、能不能有效破解复杂难题，不仅直接关系到政府部门的形象以及公信力，也是对各级领导干部实事求是作风的严峻考验。因此，破解复杂难题的对策性调研是各级领导干部都应习以为常且能够有效运用的治理工具。

提高干部本领的一线阵地。党的二十大报告对干部培养提出明确要求，即要"加强实践锻炼、专业训练，注重在重大斗争中磨砺干部，增强干部推动高质量发展本领、服务群众本领、防范化解风险本领"。随着国内发展阶段与国际发展环境的变化，各级政府面临的新发展任务、新发展要求与新发展挑战也开始对领导干部的各项本领提出了更高要求。在此背景下，各级领导干部应坚持以各行各业的对策性调研为前沿阵地，紧盯各种复杂的发展难题，在持续破解复杂难题的过程中，全方位提高各项本领。

指明学习方向的最好引导。习近平同志强调，"党员干部一定要加强理论学习、厚实理论功底，自觉用新时代党的创新理论观察新形势、研究新情况、解决新问题，使各项工作朝着正确方向、按照客观规律推进"，同时，习近平同志还指出，"要坚持理论和实践相结合，注重在实践中学真知、悟真谛，加强磨练、增长本领"。显然，破解复杂难题的对策性调研就是实现理论与实践相结合的重要载体，对复杂难题的准确分析与深入解剖、对有效举措的充分挖掘与科学制定，都会对领导干部提出各种挑战，并最终引导各级领导干部在未来的学习中有的放矢，持续弥补自身的本领短板。

然而，由于对策性调研的对象是各种各样的复杂难题，这些难题存续时间长、关联因素多、内在矛盾大、破解难度高，想要保证调研的效果即成功破解复杂难题，绝非易事。从具体环节看，这些难题之所以被称之为"复杂"难题，主要有如下几个原因：一是难题成因复杂，判断准确难度很大；二是难题矛盾激烈，沟通顺畅难度很大；三是难题长期存在，有效破解难度很大。

对此，习近平同志在正定任职期间，曾围绕"公路上打场晒粮以及两侧私搭乱建影响交通"的问题展开过深入调研并最终有效地解决了这一难题，为破解复杂难题的对策性调研提供了极具参考价值的示范和样本。

其一，发现问题与下定决心。1982年麦收时节，习近平同志带着县委办公室的工作人员下乡调研，刚出县城西关，就发现了一个问题：一整条平整的柏油路被打场晒粮的占满了。接着又考察了县城周边的公路，发现很多邻近公路的大队都有这样的习惯，甚至连107国道也晒上了粮食。他还看到，有的公路上有土堆粪堆，路旁支棚建房、摆摊设点的也不少，这让本就不宽的马路更加狭窄拥挤。公路上，汽车、拖拉机只能慢慢往前开，马车、自行车则见缝就钻，交通十分混乱，而且人来人往很不安全。

对此，习近平同志认为，公路上打场晒粮以及两侧私搭乱建影响交通的问题必须解决。随后，他又进行了更深入的调研。石家庄地区有关部门提供的材料显示，因打场晒粮导致车速大减，平时一个半小时跑完的路要多花至少一小时。此外，正定车站街两旁支棚建房、摆摊设点的有 25 家，棚房多达 71 间。而整个正定境内有 107 国道及正无、正灵等 5 条干线公路，加上 8 条通社油路，共计 167 公里。在这种情形下，想要解决这一问题的难度可想而知。

其二，拿出方案与面对质疑。1982 年 7 月 8 日，习近平同志在全县建设文明路动员大会上，传达了石家庄地区建设文明路会议精神，提出了正定建设文明路的工作任务。他把建设文明路的突破口放在整治公路晒粮上，拿出了一整套推进工作的方案，并进行了详细具体的任务分解。然而，工作刚布置完，反对的声音就来了。有人说，不在公路上晒粮，麦子不容易晒干，既影响完成夏收和征购入库任务，大家还得吃霉麦子。也有人说，这么多年一直都是这么干的，群众觉得方便，不让晒了算不算没有群众观点？更有人质疑，上级号召发家致富，怎么又限制路旁摆摊设点呢？

其三，耐心沟通与有效破解。面对各种意见，习近平同志亮出了一组细致的调查数据：全县 1998 个生产队，只有 220 个在公路上打场晒粮，没有在公路上晒粮的生产队反而提前 5 天完成夏收和征购入库任务，可见那些说法是错误的。107 国道在石家庄地区全长 98 公里，因晒粮只剩半幅路，司机要增加 78 次刹车动作，每部车多耗油 11.7 公斤。

针对一部分同志的质疑，习近平同志并没有强行推动工作方案，而是始终耐心地向大家做工作："整治公路晒粮，是更好维护大多数人的利益，不是没有群众观点。拆除公路两旁私搭乱建棚房，是让大家安安全全做生意，不是阻碍发家致富。"[1] 习近平同志讲得有理有据，反对的声音没有了。县委成立了正定县建设文明路领导小组。经过整治，存在多年的公路打场晒粮乱象彻底消失，私搭乱建棚房拆掉后，道路也畅通起来。

公路上打场晒粮以及两侧私搭乱建影响交通这一问题看似微不足道，实则具有很强的代表性，这是典型的个人利益与公共利益相冲突所引发的问题。在破解这一难题的过程中，习近平同志的做法提供了重要经验。

首先，在准确判断问题成因上，坚持以细致严谨的调研为依据。在面对"不在公路上晒粮，会影响完成夏收和征购入库任务"这一质疑时，倘若习近平同志没有经过细致深入和科学准确的调研，没有拿出一组组翔实的数据，反对观点就不会这么容易消失。因此，对复杂问题的调研，一定要全面深入，只有全面摸清、摸准、摸透了事实情况，才有可能真正化解难题。其次，在化解不同对立观点上，坚持心平气和、以理服人的态度。复杂难题往往涉及多方利益，不同观点往往存在较大分歧，对这些分歧如果置若罔闻或强行推动，无疑将对相关工作的顺利推进产生负面影响。在面临关于限制公路晒粮、拆除公路两旁私搭乱建棚房的分歧时，习近平同志始终坚持心平气和、以理服人的态度，在最大范围、最大程度上达成了共识。最后，在破解复杂难题举措上，既要展现决心，又要拿出办法。领导干部难以下定决心是导致很多复杂难题长期存在的根本原因。如公路晒粮、私搭乱建

---

[1] 本书编写组：《让群众过上好日子——习近平正定足迹》，人民出版社、河北人民出版社 2022 年版，第 20 页。

同样是正定当时长期存在的现象，其他领导干部并非没有发现这一现象，甚至很多领导干部可能都考虑过这一问题，但最终都没有排除万难的决心。同时，在决定破解这一难题后，习近平同志也迅速拿出了办法，专门成立了正定县建设文明路领导小组，并以此为抓手，持之以恒地推进这项工作，顺利解决了这一长期难题。

可见，调研要全面细致、沟通要充分耐心、措施要持续有效是确保对策性调研能够真正破解复杂难题的前提条件。

三、新时代新情况的前瞻性调研

在六种不同的调查研究类型中，前瞻性调研是较为特殊的一种。其他五种调研类型都关注已有的问题，而前瞻性调研则是着眼未来、发现变化、判断趋势、提出对策的调研类型，在保持发展趋势、应对发展变化、实现可持续发展方面，具有不可替代的重要价值。

一方面，前瞻性调研是应对发展变局的重要前提。世界进入百年未有之大变局是以习近平同志为核心的党中央对世界形势作出的精准判断。党的十八大以来，全球经济、贸易、产业、科技格局出现了重要变化，对国内各个领域的工作都带来了直接影响。无论对整个国家而言，还是具体到各地方政府和部门，想要顺利和成功地应对这种大变局带来的各种影响，就必须准确研判未来的发展趋势，而这都高度依赖于前瞻性调研的及时性与准确性。

另一方面，前瞻性调研是抢占发展机遇的重要支撑。准确判断未来发展趋势并提前谋划相应战略方案是前瞻性调研的核心功能。历史早已证明，对任何一个国家和地区而言，发展机遇并不会始终存在，很多时候一个国家和地区如果能在新发展机遇上抢先一步，最终可能就会形成对其他国家和地区的巨大先发优势。因此，前瞻性调研的预判性、准确性、及时性将极大地影响国家和地区发展轨迹与路径，前瞻性调研的预判越准确，国家和地区就能够形成更多的发展优势。

可见，前瞻性调研是支撑"在危机中育新机、于变局中开新局"这一战略目标的调研类型。也正是因为前瞻性调研立足于育新机与开新局，其面临的难度要超过很多其他的调查研究类型。进一步分析，能不能及时意识到正在发生的变化以及能不能准确应对这种变化，是影响前瞻性调研效果的主要因素。对于前者，前瞻性调研想要提高自身研判的及时性与准确性，就需要通过大量的实地调研来直接接触与感触正在发生的各种变化；对于后者，前瞻性调研想要确保自身研判的有效性与指引性，就需要科学分析这些变化的系统影响并果断制定相应的战略举措。

以创新发展理念的提出为例。作为五大发展理念之首，国人现在对创新发展已是耳熟能详。尤其是在 2018 年中美贸易摩擦发生以后，以美国为首的西方国家对我国实施了全方位的遏制、围堵、打压，给我国发展带来前所未有的严峻挑战，特别是针对我国的高科技产业，所采取的打压手段更是无所不用其极。这种局面充分表明，习近平总书记 2015 年 10 月在党的十八届五中全会上将创新发展列为五大发展理念之首，是高瞻远瞩的战略方针、完全正确的战略应对、行之有效的战略举措。仔细梳理习近平总书记在党的十八大至十八届五中全会之间的调研行动，可以发现，习近平总书记之所以能够提出这一理念，既与他在这一时期所进行的大量调研密不可分，也得益于他对创新发展相关理论的长期关注与高度重视。

一方面，党的十八大以后，习近平总书记围绕创新主题，进行了大量实地调研，对我国创新发展的现状和基础与存在的问题和挑战，都已有充分了解。

2012 年 12 月，习近平总书记在广东考察时明确提出："我们要大力实施创新驱动发展战略，加快完善创新机制，全方位推进科技创新、企业创新、产品创新、市场创新、品牌创新，加快科技成果向现实生产力转化，推动科技和经济紧密结合"[①]。2014 年 5 月在湖南考察时要求："一个地方、一个企业，要突破发展瓶颈、解决深层次矛盾和问题，根本出路在于创新，关键要靠科技力量"[②]。2014 年 5 月在上海考察时强调："牢牢把握科技进步大方向……瞄准世界科技前沿领域和顶尖水平，树立雄心，奋起直追，潮头博浪，树立敢于同世界强手比拼的志气，着力增强自主创新能力，在科技资源上快速布局，力争在基础科技领域作出大的创新，在关键核心技术领域取得大的突破"[③]。2015 年 5 月在浙江进行考察时提出："企业持续发展之基、市场制胜之道在于创新，各类企业都要把创新牢牢抓住，不断增加创新研发投入，加强创新平台建设，培养创新人才队伍，促进创新链、产

---

① 《习近平关于科技创新论述摘编》，中央文献出版社 2016 年版，第 13 页。
② 《习近平关于科技创新论述摘编》，中央文献出版社 2016 年版，第 3 页。
③ 《习近平关于科技创新论述摘编》，中央文献出版社 2016 年版，第 80 页。

业链、市场需求有机衔接，争当创新驱动发展先行军"①。

另一方面，习近平总书记本人对创新发展的长期关注与高度重视，也是推动创新驱动发展战略上升为党和国家的基本国策的重要原因。从习近平同志最早在正定县为开发河滩地而提出的"科技人员要到农村去"，到在福建探索并推广的"科技特派员制度"，再到他在浙江工作后提出并组织实施的"八大科技创新"工程，无不表明习近平同志对创新发展问题的持续关注和高度重视。即使到了中央以后，习近平同志对创新发展的关注和思考也没有停止。

如在对国内创新发展水平的判断上，习近平总书记 2013 年 9 月30 日在十八届中央政治局第九次集体学习时指出："在一些科技领域，我国正在由'跟跑者'变为'同行者'，甚至是'领跑者'。同时，我们也要清醒地看到，中国在发展，世界也在发展。与发达国家相比，我国科技创新的基础还不牢固，创新水平还存在明显差距，在一些领域差距非但没有缩小，反而有扩大趋势。国际科技竞争，犹如逆水行舟，不进则退啊！"② 在对创新的国际形势判断上，习近平总书记在十八届中央政治局第九次集体学习时也强调："我国与发达国家科技实力的差距，主要体现在创新能力上。当今世界科学进步日新月异，技术更替周期越来越短。今天是先进技术，不久就可能不先进了。如果自主创新上不去，一味靠技术引进，就难以摆脱跟着别人后面跑、受制于人的局面"③。可见，习近平总书记始终对这一问题高度关注，

---

① 《习近平关于科技创新论述摘编》，中央文献出版社 2016 年版，第 101 页。
② 《习近平关于科技创新论述摘编》，中央文献出版社 2016 年版，第 24 页。
③ 《习近平关于科技创新论述摘编》，中央文献出版社 2016 年版，第 42 页。

对创新发展的国内外形势与相互差距极为熟悉，有力支撑了创新发展理念的提出。

从这一案例看，想要通过前瞻性调研作出精准研判和有效应对，既需要领导干部长期关注和高度重视与国家发展密切相关的各项重点工作，加强对相关理论与方法的学习，提高发现变化与应对变化的本领。也要求领导干部能够围绕与发展密切相关的直接领域、基础领域、重要领域，集中时间与精力，持续展开密集的一线调研，通过大量的信息来捕捉可能正在发生变化的新情况，避免"一叶障目"而错失先机。

四、重大工作项目的跟踪性调研

跟踪性调研针对的是地区发展过程中的长期任务和重大项目，其目标是通过持之以恒地关注并推动相关工作，来逐步实现最初的发展目标。这种调研对推动工作进展和保障工作效果具有重要意义。

首先，跟踪性调研是及时打开工作局面的重要抓手。调研是开展工作的手段之一，而对重大工作项目的跟踪性调研则是领导干部及时打开工作局面的重要抓手。对很多领导干部尤其是走马上任的新任干部来说，同时全面推动多项工作固然是一项重要能力，但在面临一种全新或者非常复杂的局面下，如果能够集中精力和各种政策资源，持续推动一项重大的工作项目不断取得实质性进展，这不仅将保障这一项重大工作项目能够顺利完成，还将为领导干部进一步有效打开和全面掌控工作局面提供重要助力。

其次，跟踪性调研是持续推动重点工作的必然要求。重大工作项目是对一个地区或行业的长期发展具有重要意义的项目类型，属于地区和行业整体发展战略中的重点工作。当然，也正因为如此，这些重大工作项目往往都比较复杂，推进难度大，实施过程也需要较长时间，这极大增加了该类工作项目的实施难度。因此，能否对这些重大工作项目进行跟踪性调研，并不断以跟踪性调研的结果来持续推动重大工作项目的进程，对保障相关领域的工作进展乃至整体工作效果都具有重要意义。

再次，跟踪性调研是树立良好政府形象的有效渠道。长期以来，经常发生变更的各类发展规划、新官不理旧账的各种现象都严重影响了我国政府和领导干部的形象。归根结底，各级政府与领导干部不能在推进重大工作项目上始终展现出较强的专注力和持续性，是导致这一现象的根本原因。因此，如果各级政府和领导干部在现实工作中，能够针对某些重要工作，长期实施跟踪性调研，不断克服重点领域的关键难题，直至达成最终的工作目标，这就会对我国政府形象的塑造产生巨大的积极作用。

跟踪性调研是针对一项重大工作项目的反复调研、持续调研、长期调研，同时重大工作项目自身的复杂性也极大增加了进行这项调研的难度。具体来看，跟踪性调研的复杂性，要求领导干部具备正确的政绩观；跟踪性调研的长期性，要求领导干部具有久久为功的韧性；跟踪性调研的变化性，要求领导干部具备科学应变的能力。为了更好剖析跟踪性调研的难点，我们以习近平同志在福州主政期间的"闽剧振兴"工作为例,揭示做好跟踪性调研的关键。

闽剧是具有福州特色的地方戏,已传唱数百年,新中国成立后也曾发展得不错。但在 20 世纪 80 年代后,闽剧陷入低谷,福建省第 16、17 届戏剧会演,福州竟没有一台闽剧入选。1990 年 5 月,刚任福州市委书记的习近平,在同当时的市文化局局长马国防谈话的时候明确指出,"咱们都不是福州人,但更要重视当地文化的保护和传承,尤其是闽剧,千万不能在我们手上断了"①。正是基于保护地方传统文化的目标,习近平同志此后连续多年对闽剧振兴工作进行跟踪性调研,从各个领域,全方位推动了闽剧振兴。

其一,大力支持闽剧学校建设。当时,作为省会城市,福州没有艺术学校,福州培育闽剧人才的闽剧班,只能挂靠在福建省艺术学校。"寄人篱下"的滋味并不好受,同时也严重制约了闽剧人才的培养。面对这种情形,1991 年 3 月 26 日,习近平同志到福州文化系统基层单位视察,在实地探访和听取汇报后,他专门讲到了闽剧学校的建设问题:"我同意把建设闽剧学校列入建设项目,作为振兴闽剧之本,培养后备力量。要把建设闽剧学校列入今年的规划中,做好前期工作。"在 1991 年暑假期间,习近平再一次来到闽剧班调研并指出:"你们在夹缝中办学,很不容易。盖楼的事,你们不要急,我回去研究一下,马上给你们解决这件事。"② 不久,市里就批下 100 万元,用

---

① 本书编写组:《闽山闽水物华新——习近平福建足迹》(下),人民出版社、福建人民出版社 2022 年版,第 432 页。

② 本书编写组:《闽山闽水物华新——习近平福建足迹》(下),人民出版社、福建人民出版社 2022 年版,第 435 页。

于解决闽剧班的困难。1992 年 1 月，习近平又作出批示，将闽剧班的校舍建设列为当年为民办实事项目。1993 年 5 月，闽剧班综合大楼竣工，并恢复中专招生。

其二，财政保障闽剧剧团人员工资。1993 年 7 月 10 日，福州市委、市政府专门召开繁荣文化工作座谈会，习近平肯定了"在闽剧创作演出方面，实现了振兴闽剧第一阶段的要求"。闽剧"年年有好戏，年年有新戏"目标如期实现，但闽剧人深知这个好看的"面子"掩盖不了困窘的"里子"：当时的闽剧院团收入无法保障。20 世纪 90 年代初，按照当时的政策，福州的四个文艺团体：闽剧一团、闽剧二团、歌舞团、曲艺团，财政只保障 40% 的开支经费，剩下的 60% 要剧团自己筹措。1994 年 5 月 10 日，习近平专门赴福州闽剧院一团、市美术馆、市群艺馆、市文化局机关等单位调研，并主持召开座谈会。习近平同志说，闽剧是地方剧种，植根于民众之间，不能在我们这一代消亡掉，必须大力扶持闽剧发展，关心艺人生活，改善创作条件。会上，习近平决定当年增加拨款补贴市属专业剧团人员工资，第二年即 1995 年起正式列入财政预算。这项政策在全市乃至全省都产生了强烈反响。各地纷纷比照福州，把各自下属的文艺团体、剧团人员经费列入财政预算。此后，闽剧团每一年的基本工资都得到提高，没有了为生计所累的无奈，福州闽剧迎来了发展的春天，屡创佳绩。2001 年，《画龙记》荣获"五个一工程"奖，实现了福州市该奖项零的突破；同年，《兰花赋》获第七届中国戏剧节曹禺优秀剧目奖、优秀导演奖、优秀演员奖等九个单项奖。

其三，抓住一切机会扩大闽剧的影响力。习近平同志不仅在场地、资金等方面大力支持闽剧振兴，同时也抓住一切机会来扩大闽剧的影响力。1993 年，第三届中国戏剧节还没有确定举办城市，面对中国剧协领导的询问，福州市积极承接了第三届中国戏剧节活动。1993 年 2 月 10 日，福州市政府和中国剧协在京签订了联合举办第三届中国戏剧节的合作协议后，福州市就迅速成立了由习近平同志担任组委会主任的戏剧节组委会。不到半年时间，习近平同志专门听取汇报、批示或出席相关活动 11 次（场）。[①] 5 月 23 日，第三届中国戏剧节开幕式隆重举行。在这次戏剧节中，闽剧也迎来高光时刻：《丹青魂》中吴道子的扮演者陈乃春，以精湛的表演艺术一举摘取"梅花奖"，实现了福州市"梅花奖"零的突破；《拜石记》《御前侍医》分别获优秀演出奖、优秀舞台设计奖等奖项。也正是因为此次戏剧节，海内外广大戏迷也认识了福州、认识了闽剧，极大提升了闽剧的国内与国际影响力。

从振兴闽剧的过程看，跟踪性调研对破解振兴闽剧面临的一系列问题发挥了巨大作用。一方面，对闽剧振兴工作的长期重视反映了一种正确的政绩观。对很多领导干部来说，往往更愿意在经济产业或者基建投资项目上投入更多精力，对文化保护、社会建设、生态治理等领域的工作可能就不愿意投入过多资源。然而，"五位一体"总体布局必然要求领导干部树立正确的政绩观，对一些短期不能见效或者不具有直接经济效益的重要工作，同样应该高度重视。另一方面，在持续推动类似于振兴闽剧的长期工作中，久久为功的工作韧性和根据新

---

① 参见本书编写组：《闽山闽水物华新——习近平福建足迹》（下），人民出版社、福建人民出版社 2022 年版，第 437 页。

问题出台有效举措的能力也至关重要。从持续性看，据不完全统计，习近平同志在福州和福建省委、省政府工作期间，有关闽剧工作的视察调研、观看演出和批示指示等共有 28 次之多，这为闽剧的振兴提供了强有力的保障。从破解问题的有效性看，无论是围绕学校建设的场地和资金需求，还是从制度上保障闽剧剧团的工作收入，抑或是用多种方式扩大闽剧的影响力，多种多样的办法与机制也有力支撑了闽剧的振兴过程。

五、典型案例的解剖式调研

解剖式调研是指通过对典型案例的全面分析与深入剖析，以小见大、以点带面，找出问题的一般原因和事物的一般规律，并举一反三，在制度层面来整体解决同一类问题。做好典型案例的解剖式调研对破解发展难题、积累有效经验、改进政府作风具有重要意义。

首先，有助于集中力量破解典型难题。解剖式调研的对象往往是一个地区或行业内部存在的典型问题，具有极强的代表性和普遍性。与此同时，这些问题的解决难度也比较大，相关部门对这些问题也存在漠视或者畏难情绪，导致这些问题长期存在。通过解剖式调研来分析这些典型难题的系统成因，有助于集中相关部门的注意力与政策资源，从而顺利破解这些典型难题。

其次，能为破解同类问题提供经验。在政府部门和领导干部面临的诸多问题类型中，有一些存在普遍共性的难题，如果胡子眉毛一把抓，想要同时在短时间内解决所有的同类型问题，往往会因为政策资源的过度分散而难以实质性推动工作进展。面对这一情形，在推动这些领域的具体工作进程中，如果能够准确选择一个最具有代表性的案例作为抓手，积累破解类似难题的有效经验，形成具有普遍性和可复制性的制度方案，将对相关工作的顺利推进产生巨大的积极影响。

再次，可以促进领导干部作风转变。与其他调研类型不同，对典型案例进行解剖式调研，其目的就是要破解典型案例的典型困难，这就要求各级政府和领导干部在现实工作中时时刻刻关注老百姓的所思、所急、所需，将破解这些典型难题作为日常工作的重点，始终体现政府和领导干部的人民导向与问题导向，全方位提高政府能力、改进政府作风、优化政府形象。

然而，关于典型案例的解剖式调研也不容易。这是因为：典型案例往往受关注度高，很多时候容易引发社会舆论，考验领导干部的及时应变能力；典型案例的问题与矛盾往往非常明显，很多时候需要现场办公解决，考验领导干部的统筹协调能力；典型案例的成因多具有一般性，相关举措应上升至更高层面，考验领导干部的举一反三能力。面对这些困难与挑战，习近平同志在福州主政期间，曾经就林觉民故居保护进行过解剖式调研，并最终将此次工作成果上升为关于文物保护的系统制度。

第一，问题被曝光后引发广泛关注。"一片三坊七巷，半部中国近代史"。坐落在福州市中心的三坊七巷起于晋，完善于唐五代，至明清鼎盛。三坊七巷内保存有 200 余座古建筑，其中全国重点文物保护单位有 15 处，省、市级文物保护单位和历史建筑数量众多，被称为"明清建筑博物馆"。这里人杰地灵，一直是"闽都名人的聚居地"，走出了林则徐、严复、沈葆桢、陈宝琛、林觉民、冰心等灿若繁星的风流人物，对中国历史特别是近现代史产生过重要影响，这是当之无愧的福州城市名片、文化名片。然而，在城市化步伐加快的时代背景下，这片历史文化街区也曾面临着城市开发建设与文化遗产保护的激烈冲突。

1983 年 8 月，林觉民故居被确定为福州市文物保护单位。然而，没过几年，一场风波降临。1989 年，福州市有关部门批准一家房地产开发公司拆除林觉民故居部分建筑，准备建设商品房。这一消息传出后，迅速引发了广泛关注。当时一位鼓楼区政协委员李厚威投书《福州晚报》，"建议完整保留林觉民故居"。福州市政协委员张传兴写信给到任不久的市委书记习近平，并撰文《林觉民、谢冰心故居不容再拆》，刊发于 1990 年 12 月 1 日的《福建日报》，指出"如此不顾社会效益，不免使人失望"。习近平同志看到来信后，立即让市文管会核实，同时要求有关部门暂缓拆迁，并于 1991 年 1 月 27 日作出批示，要求市委办公厅核实情况。

第二，现场办公会要求保护故居。1991 年 3 月 10 日下午，福州市委、市政府在林觉民故居召开文物工作现场办公会。在会上，习近平同志明确指出："评价一个制度、一种力量是进步还是反动，重要的一点是看它对待历史、文化的态度。要在我们的手里，把全市的文物保护、修复、利用搞好，不仅不能让它们受到破坏，而且还要让它们更加增辉添彩，传给后代。"① 会议议定了 1991 年福州市加强

---

① 本书编写组：《闽山闽水物华新——习近平福建足迹》（下），人民出版社、福建人民出版社 2022 年版，第 480 页。

文物保护工作需要办好的七件实事，其中第三件即为"立即动手修复林觉民故居，作为辛亥革命纪念馆开放"。当年 5 月 31 日，故居修缮工程动工。11 月 9 日，在辛亥革命福州光复 80 周年纪念日当天，林觉民故居修缮完成，并辟为福州辛亥革命纪念馆对外开放。开馆当天，习近平同志除参加剪彩仪式外，还亲自给省外客人当起了讲解员，开馆一个月内，他三次来馆了解观众反应，作出整改指示。

第三，进一步构建保护文物的制度体系。此次现场办公会不仅解决了林觉民故居的保护和修缮问题，还确定了三坊七巷等地名人故居和遗址的保护办法，明确规定：今后任何单位和个人，未经文物主管部门报经市政府同意，均不得拆除、改建或添建。同时，还确定了为加强文物保护工作，1991 年福州市要办好的七件实事，包括制定《福州历史文化名城保护规划》、加强文物管理部门的力量等。正是由这七件实事衍生出"四个一"以及一系列有力的福州历史文化名城保护的创新之举。①

"一个局"。现场办公会后，福州市文物管理委员会办公室增加事业编制 10 个。1994 年 11 月 11 日，习近平同志主持召开市委常委会，专题研究进一步加强历史文化名城保护。会议议定了全市文物管理工作机构，在机构改革中考虑设立市文物管理局。1995 年 6 月，福州市文物管理局正式成立，作为市直二级局，人财物相对独立，定编 20 人。

"一个队"。现场办公会明确提出建立福州市考古队。1991 年 6 月，

---

① 参见本书编写组：《闽山闽水物华新——习近平福建足迹》（下），人民出版社、福建人民出版社 2022 年版，第 481 页。

考古队正式成立，定编 8 人。这为提升福州文物考古水平、进一步做好文化遗产保护工作奠定了坚实的基础。

"一颗印"。现场办公会明确提出"各级文物保护单位中的现有使用单位，都要与文物主管部门签订使用保证合同"。从 1992 年开始，城建项目立项时需要征求文物部门的意见，加盖市文管会（后改为市文物局）的印章。

"一百万元"。过去，福州全市每年的文物修缮经费只是从城市维护费中列支八万元，现场办公会议定，从当年开始，此费用每年市财政拨款一百万元，以后逐年增加。

此外，福州市还创新探索出"挂牌保护"的做法，相当于从法律意义上保护名人故居，尚属全国首创。同时抓紧修订了《福州市历史文化名城保护条例》，制定福州市历史文化名城、三坊七巷两个保护规划，为整个福州的文物保护构建了科学严密的制度体系。

由此可见，做好典型案例解剖式调研，最根本的是要坚持人民立场，回应人民的呼声和选择，不能为了短期利益而选择短视的发展方案。如习近平同志面临房地产开发的经济利益与文物保护的社会效益的冲突，毫不犹豫地选择了回应广大人民群众呼声最高的文物保护问题，这是做好典型案例解剖式调研的根本所在。与此同时，应坚持问题导向，敢于直面难题，深入剖析典型难题的具体难点，精准出台有效措施从而顺利破解难题。比如在现场办公会上，习近平同志从保护机构、保护机制、保护经费等层面破解了文物保护难题。更重要的是，在此基础上，应充分借鉴吸收破解个体典型难题的经验，由点及面、举一反三，加快形成对同类问题的制度性解法，这是习近平同志在林觉民故居保护工作中给各级领导干部的最大启发之一。

六、推动落实的督查式调研

督查式调研是一种"对标对表式"调研，是领导已经做出决策并付诸实施以后的调研类型，其目的是对决策的执行、落实与效果进行实时跟踪和督查，确保党和政府各项重大方针能够真正顺利推进。

督查式调研是及时发现问题的重要渠道。决策的贯彻落实，是政策实施过程的关键环节，也是影响政策实施效果的关键因素。在政府决策的实施过程中，难免会不断出现各种新问题、新情况。而领导干部尤其是主要领导干部，由于工作繁忙，他们不可能时时刻刻、从头到尾一直盯着某项决策。在这种背景下，通过督查式调研来持续跟踪决策实施过程，有助于及时发现并向上反映决策实施过程中出现的新问题，这是确保相关决策能够持续推进的重要前提。

督查式调研是传导工作压力的重要机制。除不断出现的新问题会影响决策的执行效果外，更能影响决策执行效果的因素是相关部门和各级领导干部的态度和作风。在面对比较困难和复杂的问题时，部分工作人员可能难以始终保持一以贯之的工作态度，甚至会选择拖延、掩饰问题等短视的做法。对此，通过督查式调研来持续跟踪某项政策的实施过程，能够将上级压力持续传递给执行和落实决策的相关主体，这有助于确保整个决策的实施效果。

督查式调研是优化治理体系的重要工具。政策传递渠道与政策落实机制共同构成了政府治理体系的主体。督查式调研是清晰传递上级政府政策意图、持续督查政策落实进程、确保政策实施效果的重要工具，也是增强政府治理能力的重要手段。因而，实施督查式调研，既能确保已有决策能够取得实质性进展，也能为优化政府治理体系提供方向指引。

相较于其他调研类型，督查式调研的难度较大，这是因为：工作落实与否的标准有时候比较模糊，如何准确判断工作进展存在难点；重要工作的落实往往会面临巨大阻力，督查式调研要通过持续多次调研来保障压力；督查式调研的目的是敦促当地政府或部门落实相关工作，也要求调研团队能够实事求是、不徇私情。2007 年 3 月，习近平同志调任上海以后，就立即提出要求"尽快安排基层党建的调研"[①]，并在随后的几个月时间里，围绕强化基层党建进行了多次督查式调研，为上海市乃至全国的基层党建工作指明了方向。

其一，调研发现基层党建工作的不足。与其他地区不同，"楼宇经济"是上海作为特大型城市典型的经济形态，各类商务楼宇内聚集了大量高学历、高技能、高收入的青年群体。但当时，上海不少新经济组织和新社会组织的党员，没有表明自己的身份，成为"隐形党员"。同时也有一部分党员反映，党组织很多时候是"挂牌的地方走不进，不挂牌的地方找不到"，没有覆盖到楼宇、园区等区域。

为了加强基层党建，在刚到任不久，习近平同志就立刻对上汽集团公司、江宁路社区（街道）党员服务中心、中华企业大厦的党建工

[①]　本书编写组：《当好改革开放排头兵——习近平上海足迹》，人民出版社、上海人民出版社 2022 年版，第 14 页。

作进行密集调研。在实地调研之后，习近平同志认为上海重视楼宇党建的方向是正确的，并对上海社区设置专职党群工作者的做法表示肯定。同时，习近平同志也发现了上海基层党建存在的问题，比如社区党员服务中心的功能过于单一。当时上海社区党员服务中心强调最多的是服务功能，习近平同志就对随行的市委组织部同志提出："党员入党不仅要接受党组织的关心服务，更要接受党组织的教育"①。根据他的要求，市委组织部调整了社区党员服务中心的功能。在原有的流动党员接纳地、"两新"党组织孵化器、党建资源共享平台、凝聚党员的温馨家园、服务群众的重要窗口的基础上，又增加了五大功能：党员教育培训中心、党建活动中心、基层党建指导中心、党组织党员形象展示中心、服务群众凝聚社会的纽带桥梁。

其二，对基层党建提出更高要求。在围绕基层党建的调研过程中，习近平同志不仅发现了上海社区党建存在的不足还出台了针对性举措，有效完善了社区党员服务中心的功能。更重要的是，通过这次调研，围绕基层党建，习近平同志对上海提出了更高要求：随着经济体制的深刻变革、社会结构的深刻变动、利益格局的深刻调整、思想观念的深刻变化，上海作为一座特大型城市，应努力走出一条符合改革开放和发展社会主义市场经济条件下党建工作规律、具有特大型城市特点的基层党建新路子②。

---

① 本书编写组：《当好改革开放排头兵——习近平上海足迹》，人民出版社、上海人民出版社 2022 年版，第 20 页。
② 本书编写组：《当好改革开放排头兵——习近平上海足迹》，人民出版社、上海人民出版社 2022 年版，第 20 页。

在调研结束后，习近平同志在对市第九次党代会报告作出指示的时候强调：在报告初稿中，"两新"组织党建工作所占分量不够，而这方面的工作，对巩固党的执政基础非常重要。为此，他提出"两新"组织党建，既要继承党的建设中的一些宝贵经验，也要研究探索新形势下的新做法，要用改革的精神做好党的基层组织建设。这些都是习近平同志根据时代变化和发展需要，对基层党建工作提出的直接要求。

其三，持续关注和推动基层党建。在上海不长的工作时间里，习近平同志走遍了全市的 19 个区县，每次的调研重点各有侧重，但加强基层党建是必谈话题，而且他几乎每次都会对党建工作提出具体而富有前瞻性的要求。2007 年 9 月 11 日，习近平同志到长宁区调研，这是他到上海 19 个区县调研的最后一站，调研中，他再一次对社区党建提出了要求。

长宁区是上海"凝聚力工程"的发源地，在全市率先探索凝聚党员、凝聚群众、凝聚社会的体制机制和工作方法，打下了较好的工作基础，还培养出了朱国萍等一批优秀的社区党务工作者。那天，习近平同志来到华阳街道，除表示充分肯定和鼓励外，他还提出："大家要不断寻找还有什么不适应的地方，不断探索进一步发挥党员作用、调动党员积极性的途径和方法，不断创新完善。而且，好的经验市委要及时总结和推广。"① 此外，习近平同志在谈到基层党建下一步目标时多次强调，要切实提高党建工作的有效性，真正做到，哪里

---

① 本书编写组：《当好改革开放排头兵——习近平上海足迹》，人民出版社、上海人民出版社 2022 年版，第 22 页。

有群众，哪里就有党的工作；哪里有党员，哪里就有党组织；哪里有党组织，哪里就有党的战斗力。这一系列重要指示和督查式调研，有效推动了上海基层党建工作，在 2007 年底，上海基层党建全覆盖的工作布局就已经接近完成，达到 90% 以上的覆盖率。

习近平同志担任中共中央总书记后，依然十分关心上海的基层党建工作。每次到上海考察，都要了解基层党建的新进展，并提出新的要求。如 2018 年 11 月，他在出席首届中国国际进口博览会开幕式和相关活动后，前往上海中心大厦的陆家嘴金融城党建服务中心，对基层党建工作展开调研。2019 年 11 月，习近平总书记在上海考察时，基层党建仍然是其调研考察的一个重点，在调研结束的第二天，他就明确提出要"把基层党组织建设成为宣传党的主张、贯彻党的决定、领导基层治理、团结动员群众、推动改革发展的坚强战斗堡垒"①。

习近平同志对基层党建工作的持续调研，无疑对上海基层党建工作发挥了督查作用，也使得上海的基层党建工作在全国处于前列。具体分析这一案例的启示与经验，一方面，在对基层党建工作的认识上，习近平同志既能够对这一工作的整体方向作出指示，如将"成为宣传党的主张、贯彻党的决定、领导基层治理、团结动员群众、推动改革发展的坚强战斗堡垒"，明确为基层党组织建设的根本方向；又能结合基层党建存在的问题，提出可行的解决办法，如针对社区党员服务中心功能单一化的问题，他提出要增加党员服务中心的教育功能，极大夯实了基层党建的组织基础。另一方面，为确保基层党建工

---

① 本书编写组：《当好改革开放排头兵——习近平上海足迹》，人民出版社、上海人民出版社 2022 年版，第 25 页。

作能够取得持续进展，习近平同志持续对基层党建工作进行调研，即使到了中央工作以后，习近平同志仍然高度关注上海的基层党建工作，这种长期关注与高度重视确保了上海基层党建工作的连续性与方向性，也奠定了上海基层党建工作取得重要成绩的基础。可见，想要发挥督查式调研的效果，在确保领导干部对相关问题具有整体性、系统性与深入性认识的基础上，坚持实施密集、连续、有针对性的多次调研是重要前提。

第五章

调查研究的"问题单"

习近平总书记指出，"调查研究，是对客观实际情况的调查了解和分析研究，目的是把事情的真相和全貌调查清楚，把问题的本质和规律把握准确，把解决问题的思路和对策研究透彻。"① 由此可见，调查研究不是为调查而调查，而是为了解决问题而调查。问题的指向就是调研的方向。大兴调查研究之风，必须始终坚持以"问题导向"引领"调研方向"。在党的二十大报告中，习近平总书记强调："我们要增强问题意识，聚焦实践遇到的新问题、改革发展稳定存在的深层次问题、人民群众急难愁盼问题、国际变局中的重大问题、党的建设面临的突出问题，不断提出真正解决问题的新理念新思路新办法。"② 中共中央办公厅印发的《关于在全党大兴调查研究的工作方案》中明确提出了 12 个方面的调研内容。系统梳理上述重点问题，不仅可以为领导干部搞好调查研究提供问题清单，而且还有助于其掌握调研活动的主动权、提高调研活动的针对性和实效性。

---

① 习近平：《谈谈调查研究》，《学习时报》2011 年 11 月 21 日。
② 习近平：《高举中国特色社会主义伟大旗帜　为全面建设社会主义现代化国家而团结奋斗——在中国共产党第二十次全国代表大会上的报告》，《人民日报》2022 年 10 月26 日。

一、实践遇到的新问题

问题是时代的声音。党的十八大以来，以习近平同志为核心的党中央始终坚持问题导向，把解决实际问题作为打开工作局面的突破口，聚焦新时代我国社会主要矛盾的转化，真抓实干、攻坚克难、不懈奋斗，推动党和国家事业取得历史性成就、发生历史性变革。但同时还必须清醒地看到，在新时代推进中国特色社会主义伟大实践中，人民群众对美好生活的向往开始更多地向民主、法治、公平、正义、安全、环境等方面延展。如何全面推进依法治国，如何扎实推进共同富裕，如何推进美丽中国建设，如何更好统筹发展和安全，都是我们走好新时代长征路必须解决的重大问题。

其一，如何全面推进依法治国。依法治国是党领导人民治理国家的基本方略。党的十八大以来，我国全面依法治国实践取得了重大进展。但与社会实践的需要和人民群众的新期待相比，还有一些难啃的硬骨头。一是中国特色社会主义法律体系还不完善，在立法领域存在立法质量和立法效率不高的问题。一方面，立法的针对性、可操作性不强，法规之间相互打架的现象时有发生，这背后实际上是"立法部门利益化"的问题；另一方面，对于一些由新技术而催生的一系列新业态、新模式，相关法律制度还存在时间差、空白区，没有做到立法工作的与时俱进。二是不作为、乱作为特别是有法不依、执法不严、违法不究问题还比较突出。部分公职人员执法失之于宽、失之于松，更有甚者滥用职权、失职渎职、执法犯法乃至徇私枉法。一些司法人员作风不正、办案不廉，办金钱案、关系案、人情案等现象还屡禁不止。三是政府职能越位、缺位、错位现象时有发生。部分公职人员依法行政观念树得不牢，对权责清单不熟悉，管了很多不该管的事，而对该管的事却没有管到位，转职能、提效能还有很大空间。在政府监管上还存在重审批轻监管、以罚代管等问题。四是法治社会建设任重而道远。社会公众的法治观念还不够强，信仰法律的社会氛围尚未真正形成，部分领导干部"不屑学法、心中无法"，部分群众"信访不信法、信闹不信法"，社会治理的公众参与度还不高，"违法成本低、守法成本高"的不公正不合理现象还时有发生。全面依法治国是新时代坚持和发展中国特色社会主义的本质要求。要深入学习贯彻习近平法治思想，把调研的重点放在立法质量与效率、不作为乱作为、政府职能转变、法治信仰养成等方面，着力解决全面推进依法治国进程中的突出问题。

其二，如何扎实推进共同富裕。共同富裕是中国特色社会主义的本质要求。经过全党全国各族人民的持续奋斗，我国已历史性地解决了绝对贫困问题，已经到了扎实推动共同富裕的历史阶段。但从现实条件看，我国推进共同富裕还面临着非常艰巨的任务。一是发展不平衡不充分问题仍然突出。城乡发展不平衡、农村发展不充分仍然是社会主要矛盾的集中体现。二是全面推进乡村振兴还存在不少短板。部分脱贫户脱贫基础还比较脆弱，特别是一些边缘户，稍遇到点风险变故马上就可能致贫。部分乡村产业发展还存在规模小、布局散、链条短、同质化比较突出等问题。乡村人才振兴还面临人才缺口大、分布不均匀、整体素质不够高等突出问题。三是收入分配制度有待进一步完善。当前，劳动报酬在初次分配中占比还不够高，初次分配的格局不尽合理。各类生产要素参与分配的机制还不够完善，中低收入群体要素收入偏低。多元主体参与第三次分配的机制还不健全，城乡区域发展和收入分配差距较大。四是对共同富裕的认识还存在误区。部分群众对促进全体人民共同富裕的长期性、艰巨性、复杂性估计不充分。有的只注重"富口袋"，而在一定程度上忽视了"富脑袋"。有的忽视客观实际，强调要同时同步实现同等富裕。有的忽视自我奋斗的重要价值，强调不想奋斗的"搭车富裕"。实现共同富裕是中国共产党一以贯之的奋斗目标。要把调研的重点放在共享发展理念的理解和落实、乡村振兴短板弱项、收入分配制度等方面，不断深化对共同富裕的内涵认识，积极探索实现共同富裕的实践途径，在高质量发展中不断促进全体人民共同富裕。

其三，如何推进美丽中国建设。生态文明建设是关系中华民族永续发展的根本大计。党的十八大以来，经过不懈努力，我国生态环境质量持续改善，生态文明建设发生了历史性、转折性、全局性变化。当前，我国生态文明建设正处于压力叠加、负重前行的关键期，同时也到了有条件有能力解决生态环境突出问题的窗口期。需要解决的突出问题主要表现为：一是落实"绿水青山就是金山银山"的理念有差距。部分领导干部没有树立正确的政绩观，对"绿水青山就是金山银山"理念的实践要求把握不准，因小失大、顾此失彼、寅吃卯粮、急功近利的现象还时有发生。二是绿色发展方式和生活方式尚未根本形成。在发展方式上，还存在资源约束趋紧与资源利用依然粗放的矛盾，一些地方破坏生态环境的行为仍在频频发生；在生活方式上，简约适度、绿色低碳的生活习惯还未真正养成，浪费现象依然比较严重。三是生态系统的整体质量和稳定性状况不容乐观。我国人多地少缺水，河流、湖泊、森林、草原、湿地等资源分布不均，生态系统总体比较脆弱，生态退化依然比较严重。河道断流、湖泊萎缩、水质污染、缺林少绿等问题仍然存在。生物多样性指数下降，一些珍稀特有物种极度濒危。四是环境污染防治的力度深度广度有待加强。城市黑臭水体、垃圾处理、工矿企业污染、机动车排放污染等城市环境突出难题依然存在，农村垃圾污水处理、厕所革命、村容村貌提升、土壤污染源头防控等工作仍需进一步加强。五是推进碳达峰碳中和任重而道远。在实际工作中，有的搞"碳冲锋"，有的搞"一刀切"、运动式"减碳"，甚至出现"拉闸限电"等现象。节能降碳工作的制度保障还不够完善，重点领域节能降碳任务还比较重。推进生态文明建设，是满足人民群众对美好生活向往的必然要求。要深入贯彻落实习近平生态文明思想，把调研的重点放在生态文明理念落实、绿色生活方式养成、生态系统保护、环境污染防治、绿色低碳发展等方面，着力解决生态环境突出问题，努力建设人与自然和谐共生的现代化。

其四，如何更好统筹发展和安全。发展和安全，是决定国家兴衰成败的两件大事。党的十八大以来，以习近平同志为核心的党中央坚持总体国家安全观，统筹抓好发展和安全两件大事，为实现经济社会快速发展奠定了坚实基础。但必须清醒地看到，在新的发展阶段，我国内部矛盾越来越复杂，外部形势越来越严峻，各种不确定因素不断增多，"黑天鹅""灰犀牛"事件发生的概率增大，国家安全面临的挑战前所未有。一是国家安全体系还不健全。以国家安全法治体系建设为例，目前国家安全立法还存在不少空白点，各重要领域国家安全立法还存在不平衡的问题，科技安全、文化安全、生态安全、生物安全、能源资源安全等领域立法问题亟待解决。二是国家经济安全保障能力不足。在粮食安全方面还存在农业科技水平不强、农民种粮积极性不高、耕地"非农化"、基本农田"非粮化"等问题。在能源安全方面还存在能源需求压力巨大、能源供给制约较多、能源生产和消费对生态环境损害严重、能源技术水平总体落后等问题。在金融安全方面还存在"脱实向虚"、地方政府隐性债务风险较高、防范化解金融风险能力不足等问题。在人口安全方面还存在生育率较低、人口负增长、年龄结构老化、性别结构失衡、地区人口流失等问题。据国家统计局公布，2022 年末，我国总人口已达 141175 万人，比 2021 年减少 85 万人。其中，男性人口 77206 万人，女性人口 68969 万人，总人口性别比为 104.69（以女性为 100）。人口自然增长率首次出现负增长（-0.6‰），出生人口持续减少。60 岁及以上人口达 28004 万人，占全国人口的 19.8%，其中 65 岁及以上人口 20978 万人，占全国人口的 14.9%。人口老龄化程度进一步加深。三是公共安全治理水平不够高。部分经营管理者和社会公众的公共安全风险意识薄弱，安全教育有待进一步加强。安全监管体制还不健全，部门之间、上下之间衔接不紧密，多头监管、监管盲区同时并存，安全监管执法能力有待提高。四是社会治理体系还不完善。有的地方化解矛盾纠纷没有形成合力，一些矛盾纠纷反复流转得不到及时有效化解，甚至"小事拖大、大事拖炸"。有的地方智慧安防设施建设还存在"盲区"，信息化运用不够深入，对风险隐患的智能监测预警水平较低。安全和发展是一体之两翼、驱动之双轮。要把调研的重点放在国家安全体系建设、国家安全能力保障、公共安全治理难题、社会治理体系完善等方面，坚持发展和安全并重，以新安全格局保障新发展格局。

二、改革发展稳定存在的深层次问题

改革、发展、稳定三者是一个内在统一的有机整体。党的十八大以来，面对严峻复杂的国际形势和艰巨繁重的国内改革发展稳定任务，以习近平同志为核心的党中央高瞻远瞩、统揽全局、把握大势，提出了一系列新理念新思想新战略，指导我国经济社会发展进入一个崭新的阶段。但同时还必须清醒地认识到，我国改革发展稳定还面临不少深层次问题，集中体现为理解和贯彻新发展理念不到位、推动经济高质量发展还有不少体制性障碍、加快构建新发展格局还有一些瓶颈制约等。

其一，理解和贯彻新发展理念还不到位。贯彻新发展理念是新时代我国发展壮大的必由之路。党的十八大以来，我们对经济社会发展提出了许多重大理论和理念，其中新发展理念是最重要、最主要的。在新发展理念的指导下，我国经济实力、科技实力、综合国力跃上新台阶。但不容忽视的是，在理解和贯彻落实新发展理念的过程中，一些地方和部门还存在不少认识和实践上的误区。一是对新发展理念的认识还不深刻。有的没有充分认识到新发展理念的先导性和科学性，一定程度上忽视了新发展理念对实践工作的科学指导，依然习惯于凭老经验办事，自觉不自觉地按老观念老办法想问题做工作。有的对新发展理念的整体性和协调性认识不足，没有从发展、改革、开放有机统一的角度来把握新发展理念，在实践中经常会出现偏执一方、畸轻畸重、以偏概全的现象。有的对新发展理念的人民性和发展性认识不深刻，对发展的政治立场、价值导向、发展模式、发展道路等重大政治问题把握不够精准，问题意识和忧患意识树得不够牢。二是贯彻新发展理念的本领还不强。有的不善于从政治上看问题，仅仅把完整、准确、全面贯彻新发展理念看作经济社会发展的工作要求，在一定程度上忽略了其政治属性，导致工作起来预见性和主动性不足。有的系统观念不强，不善于从整体上、全局上准确把握新发展理念，只管自己的一亩三分地，没有把新发展理念贯彻到经济社会发展的全过程和各领域。有的没有学会运用科学的改革方法论，在全面深化改革过程中还存在问题导向不清、目标方向不明、整体推进不力等问题。有的抓落实劲头不足、方法不对，习惯于只表态不表率、只挂帅不出征，缺乏钉钉子精神，没有把抓落实放在心上、抓在手上、扛在肩上。新发展理念是一个整体，是我国进入新发展阶段、构建新发展格局的战略指引。只有完整、准确、全面理解和贯彻新发展理念，才能牢牢把握发展主动权，为构建新发展格局提供行动指南，为全面建设社会主义现代化国家提供科学指引，为人类现代化事业贡献中国智慧和中国方案。

其二，推动经济高质量发展还有不少体制性障碍。高质量发展是全面建设社会主义现代化国家的首要任务。当前和今后一个时期，虽然我国发展仍然处于重要战略机遇期，但机遇和挑战都有许多新的发展变化，机遇与挑战之大都前所未有。必须清醒认识到，推动我国经济高质量发展还存在要素流动不畅、资源配置效率不高、微观经济活力不强等深层次问题。一是要素流动不畅。市场分割和地方保护主义仍然存在，要素自由流动存在隐性壁垒。目前我国统一开放、竞争有序的市场体系尚未完全形成，特别是要素市场改革还比较滞后，使得资本、土地、劳动、技术、知识、数据等生产要素流动不畅，不利于经济高效循环运行。要素市场化配置范围相对有限，土地、劳动力、资本等市场化配置改革还不够彻底，尚未实现市场化机制全覆盖，仍不同程度地存在"双轨制"。要素流动存在体制机制障碍，比如劳动力要素还存在落户渠道不畅通的问题，户籍制度的改革仍需进一步加快。二是资源配置效率不高。市场决定要素价格的机制还不完善，要素市场运行机制在交易平台、交易规则和服务、交易监管水平等方面还存在很多薄弱环节。与世界营商环境比较好的国家和地区相比，我国一些领域、行业、地方的营商环境建设依然存在较大提升空间，特别是在降低市场准入门槛、实施知识产权保护、减少要素流动成本等方面。一些地方"放管服"改革不到位，"新官不理旧账"、数据共享难、应收账款拖欠等营商环境中的痛点、堵点、难题尤为突出，营造一流营商环境仍需驰而不息、久久为功。三是微观经济活力不强。当前我国企业特别是中小微企业在生产经营中普遍面临着市场压力大、经营成本高、创新能力不足、融资难度大等问题。部分民营企业经营方式还比较粗放，没有建立起符合现代经济要求的、完善的法人治理结构，管理水平还不高。部分国有企业还存在管理链条长、激励机制不足等问题，国资国企改革还有待进一步深化。① 因此，要把调研的重点放在畅通要素流动渠道、优化资源配置效率、激发微观经济活力等方面，着力构建高水平社会主义市场经济体制。

其三，加快构建新发展格局还有一些瓶颈制约。加快构建新发展格局是推进中国式现代化的必由路径。当前，我国构建新发展格局已经具备了坚实基础和巨大优势。但同时也存在一些瓶颈制约和突出问题。一是科技创新能力不强。源头创新能力不足，部分底层基础技术方案、关键核心技术受制于人。产学研协同效能不高，科技、经济"两张皮"问题仍然存在，科技成果转化率偏低。高水平科技人才不足，顶尖人才比例偏低，领军人才匮乏，高技能和复合型人才少。创新资源统筹协调不够，低水平重复建设现象时有发生。二是产业链供应链存在不少短板弱项。产业基础还比较薄弱，一些核心软件、关键检测设备等还需大量依赖进口，产业链整体上处于国际分工体系中低端。制造业大而不强、全而不精、宽而不深，产业链上中下游配套衔接不够，存在区域化、碎片化问题。现代服务业发展水平不高，与农业、制造业融合发展不够。物流体系效率低、成本高的矛盾比较突出，农村地区物流基础设施建设滞后。三是重点领域和关键环节改革有待深化。当前我国金融业的市场结构、经营理念、创新能力、服务水平还不适应经济高质量发展的要求，金融与实体经济适配性不足、资金循环不畅、供求脱节等现象较为突出，金融监管资源总体仍然比较紧张，现代金融监管体系还不健全，以政府投资基金、政府和社会资本合作

---

① 《十九大以来重要文献选编》（中），中央文献出版社 2021 年版，第 508—524 页。

(PPP)、政府购买服务等名义变相举债、违法违规融资担保的行为还屡禁不止，地方政府隐性债务已成为金融风险防控的焦点，遏制隐性债务增量、化解隐性债务存量的任务仍然非常艰巨，政府举债终身问责制和债务问题倒查机制还需进一步完善。国有企业"大而不强、大而不优"的问题仍然存在，战略性新兴产业、满足国家所需的产业布局不够合理的问题较为突出，体制机制改革仍需不断深化。四是城乡区域发展协调性有待提升。城乡发展不平衡问题依然突出。"大城市病"尚未有效破解，部分小城市面临人口流失和发展乏力问题。人才、资金、土地等资源更多流入城市，乡村发展缺乏充足要素支撑，基础设施和公共服务短板依然突出。大区域间产业发展、市场建设、基础设施布局统筹协调仍待加强，部分地区存在争相发展同类产业造成同质竞争和产能过剩等问题。五是对外开放的水平还需不断提升。制度型开放有待深化，在贸易投资便利化、服务贸易、透明度等方面，与高标准国际经贸规则尚有差距。区域开放布局有待优化，东快西慢、沿海强内陆弱的局面还没有根本扭转，中西部对外开放的潜力尚未充分发挥。吸引和利用外资水平有待提高，在合理缩减外资准入负面清单、依法保护外商投资权益、提振外资预期和信心方面还需持续发力。[①]加快构建新发展格局是把握发展主动权的必然选择。必须坚持问题导向和系统观念，把调研的重点放在科技创新能力、产业链延链补链、重点领域和关键环节改革、城乡区域协调发展、对外开放水平等方面，着力破除制约加快构建新发展格局的主要矛盾和问题。

---

① 国家发展和改革委员会：《全力推动构建新发展格局取得新突破》，《求是》2023 年第 8 期。

三、人民群众急难愁盼问题

治国有常，利民为本。党的十八大以来，以习近平同志为核心的党中央坚持以人民为中心的发展思想，把人民对美好生活的向往作为奋斗目标，注重在发展中保障和改善民生，着力解决人民群众的急难愁盼问题，让人民群众有了更多的获得感、幸福感、安全感。但与人民群众的新期盼相比，在就业、教育、医疗、社保等方面还存在一些亟待解决的问题。

其一，就业优先政策落实不够细。党的十八大以来，党中央高度重视就业工作，近年来更是明确把就业摆在"六稳""六保"之首，强化就业优先政策，累计实现城镇新增就业1.3亿人，推动就业工作取得了历史性成就。但同时必须清醒地看到，在深入实施就业优先政策过程中还存在不少困难。一是结构性就业矛盾突出，招工难和就业难并存，其根源在于劳动力需求与供给的不匹配。二是就业公共服务体系均等化不足、信息化不强、精准化不够。当前基层公共就业创业服务平台建设还比较滞后，就业"信息壁垒"现象较为突出，对高校毕业生、农民工、退役军人、困难群众等重点群体的就业支持政策力度还不够大。三是促进劳动力和人才社会性流动的体制机制还不完善，就业不平等现象仍然比较突出，职业技能培训的规模和质量与建设技能型社会的需求仍有差距。对灵活就业、新就业形态的支持力度还不够大，创业带动就业的保障制度还不完善。四是劳动者权益保障还存在不少短板，尤其是对灵活就业人员和新就业形态劳动者在劳动报酬、合理休息、社会保险、劳动安全等方面的权益保障还不到位，齐抓共管的劳动者权益保障工作机制尚未完全形成。就业是最基本的民生，就业稳则大局稳。要聚焦结构性就业矛盾的难题，把调研的重点放在就业优先政策落实、就业公共服务体系完善、就业体制机制创新、劳动者合法权益保护等方面，不断提高就业的质量。

其二，高质量教育体系建设仍有短板。教育是国之大计、党之大计。党的十八大以来，党中央坚持以人民为中心发展教育，积极推进教育改革，大力发展素质教育，促进教育公平，推动教育普及水平实现了历史性跨越。但还必须清醒地看到，高质量教育体系建设仍有一些短板。一是义务教育发展不平衡，尤其是在不同的城乡之间、地区之间、学校之间办学水平和教育质量还有很大差距。学前教育和高中阶段教育仍然是教育体系中的短板和弱项，不同学习群体之间的教育水平差距仍然存在，教育资源均等化的步伐还有待加快。二是教育发展不充分，各级各类教育质量还不能满足人民群众"上好学"的教育需求。基础教育中的"唯分数论"现象屡禁不止，教育焦虑、教育竞争使学生的睡眠和身心健康受到严重影响。数字教育理念还未深入人心，营造教育数字化转型的良好氛围还没有根本形成，教育资源开放共享还面临不少难题。三是各级各类教师队伍建设依然存在数量不足、学历不高、素养不够、结构失衡、培训无序等突出问题。高校教师思政建设存在"上热中温下凉"问题，师德师风问题时有发生，教师培养培训水平仍需提高，教师职称晋升难问题亟待破解，教师管理体制机制仍需进一步创新。建设高质量教育体系是建成教育强国的客观需要，是推进教育现代化的重要任务。要聚焦教育发展不平衡不充分的矛盾，把调研的重点放在义务教育均衡发展、教育质量提高、教师队伍建设等方面，进一步深化教育领域综合改革，办好人民满意的教育，不断增强人民的教育获得感。

其三，医疗卫生服务体系不完善。健康是广大人民群众的期盼和追求，维护人民健康是我们党性质和宗旨的重要体现。党的十八大以来，党中央把保障人民健康放在优先发展的战略位置，不断完善人民健康促进政策，积极推进健康中国建设，人民健康水平显著提高，建成了世界上规模最大的医疗卫生体系，形成了覆盖城乡的医疗卫生服务网，为人民健康提供了可靠保障。但与人民群众的新期待相比，我国医疗卫生事业发展还存在一些亟待解决的问题。一是"一老一小"服务还有一些短板。托育、养老服务专业设施供给总量不足，城乡养老服务差距较大，服务设施规范化、服务水平标准化进程慢，专业人才短缺，现有政策对创新业态和有效经营模式的激励不足。二是基层医疗卫生存在人才缺乏、服务能力不强、双向转诊制度不完善、经费投入不足等问题。当前我国基层医疗卫生机构网络还不够健全，基层医疗卫生机构运行机制还不完善，基层尤其是农村的优质医疗卫生资源相对不足，待遇不高留不住人才，服务能力不强留不住患者。医疗保险支付比例和方式不够完善，缺乏统一的转诊标准。对基层卫生服务机构经费投入不足，而且缺乏稳定性。三是公共卫生应急体系发展滞后，监测预警、流调溯源、物资储备等难以适应应对重大突发公共卫生事件的需要。部分领导干部在应对突发事件时还存在"拖、否、急、抗、堵、控"等不当行为，防范化解风险挑战的能力还不够强。公众急救意识缺乏，公共急救知识和技能普及不足。要结合实际认真贯彻落实中共中央办公厅、国务院办公厅印发的《关于进一步完善医疗卫生服务体系的意见》，把调研的重点放在推进能力现代化、体系整合化、服务优质化、管理精细化、治理科学化等方面，努力为人民群众提供全方位全周期的健康服务。

其四，社会保障体系不健全。社会保障体系是人民生活的安全网和社会运行的稳定器。党的十八大以来，党中央把社会保障体系建设摆上更加突出的位置，对我国社会保障体系建设作出顶层设计，推动我国社会保障体系建设进入了快车道。但不容忽视的是，我国社会保障体系仍存在不足。习近平总书记在十九届中央政治局第二十八次集体学习时就"完善覆盖全民的社会保障体系"发表了重要讲话，对我国社会保障体系建设的现状、存在的问题、下一步工作思路进行了深刻阐释，为我们做好社会保障工作指明了前进方向、提供了根本遵循。习近平总书记强调，当前我国社会保障体系仍存在 7 个方面不足：一是制度整合没有完全到位，制度之间转移衔接不够通畅；二是部分农民工、灵活就业人员、新业态就业人员等人群没有纳入社会保障，存在"漏保""脱保""断保"的情况；三是政府主导并负责管理的基本保障"一枝独大"，而市场主体和社会力量承担的补充保障发育不够；四是社会保障统筹层次有待提高，平衡地区收支矛盾压力较大；五是城乡、区域、群体之间待遇差异不尽合理；六是社会保障公共服务能力同人民群众的需求还存在一定差距；七是一些地方社保基金存在"穿底"风险。① 对这些不足，必须高度重视并切实加以解决，

---

① 习近平：《促进我国社会保障事业高质量发展、可持续发展》，《求是》2022 年第 8 期。

不断促进我国社会保障事业高质量发展、可持续发展。

四、意识形态领域的重点问题

意识形态工作是为国家立心、为民族立魂的工作。党的十八大以来，在党中央坚强领导下，宣传思想战线积极作为、开拓进取，立破并举、激浊扬清，推动意识形态领域形势发生了全局性、根本性转变。但还必须清醒地认识到，当前意识形态领域仍不平静，错误思潮和"颜色革命"势力仍然存在，社会主流价值遭遇市场逐利性的挑战，意识形态领域的斗争仍然尖锐复杂。

其一，意识形态工作责任制的落实还不到位。党的十八大以来，习近平总书记站在战略和全局高度，要求各级党委对意识形态工作负总责，切实负起政治责任和领导责任，推动宣传思想工作格局得到了全面重塑，进一步巩固壮大了主流思想舆论。但与党中央的要求相比，部分地区或单位意识形态工作责任制的落实还存在差距。一是思想认识存在偏差。部分党员干部对意识形态工作的重要性认识不足，存在"重具体业务轻思想工作"的倾向，没有真正把责任放在心上。一些领导干部对网络谣言、负面炒作、攻击渗透等各种网络乱象缺乏斗争勇气，"好人主义"、上推下卸、敷衍塞责、养痈遗患等现象时有发生。二是干部队伍业务水平不够高。干部队伍结构不尽合理，人员流动快，高素质专业人才较为缺乏，尤其是在基层从事意识形态工作的干部大多是"半路出家"，理论功底有限。针对基层干部的意识形态工作专题培训还比较欠缺，个别专题培训的针对性和实效性不强。三是阵地建设和管理有待加强。一些意识形态领域的"主阵地"存在机构设置不合理、人员编制不足、专业人才流失、年龄结构老化、工作经费缺乏等问题。部分基层意识形态阵地基础设施建设还比较滞后，文化功能作用发挥还不充分。意识形态工作责任制是牢牢掌握党对意识形态工作领导权的重要抓手。要自觉增强做好意识形态工作的使命感和责任感，把调研的重点放在意识形态工作责任落实、干部队伍业务能力、阵地建设管理等方面，坚决守好"责任田"。

其二，公共文化服务水平不够高。提升公共文化服务水平，是保障人民群众基本文化权益、满足对美好生活新期待的必然要求。党的十八大以来，我国公益性文化事业取得长足进步，面向基层的文化惠民工程深入推进，贫困地区文化面貌大为改观，公共文化服务整体水平明显提高。但同时也应当看到，我国公共文化服务还存在不少问题。一是高水平文化服务相对缺乏。当前我国文化需求和文化供给之间的结构性矛盾还比较突出，尽管"缺不缺、够不够"的问题总体上已得到解决，但"好不好、精不精"的问题却越来越凸显，高水平文化服务相对不足。二是城乡公共文化服务体系一体建设还有短板。城乡、区域公共文化服务发展的差距依然较大，公共文化资源配置不合理、基层公共文化服务网络不完善、基层文化设施利用不充分、文化服务效能不够高等问题仍然突出。三是多元开放的公共文化服务供给体系还未根本形成。基层文化设施社会化运营程度还不够高，社会力量参与公共文化设施运营、活动项目打造、服务资源配送的政策和机制还需进一步完善，政府购买公共文化服务的力度还需进一步加大。

四是公共文化服务数字化程度还不够高。公共数字文化基础设施和服务平台建设还比较滞后，公共文化服务数据资源共享机制和分级管理机制还不完善，公共文化服务智慧应用场景还不够丰富，公共文化机构与数字文化企业的对接合作仍需进一步深化。要聚焦文化需求和供给之间的结构性矛盾，把调研的重点放在高水平文化服务供给、城乡公共文化服务体系一体建设、公共文化服务数字化建设等方面，积极推动公共文化服务向高品质、均衡化、多样化、数字化方向发展，不断提升人民群众的文化获得感、幸福感。

其三，现代文化产业发展不充分。发展文化产业是满足人民多样化、高品位文化需求的重要基础，也是激发文化创造活力、推进文化强国建设的必然要求。党的十八大以来，在政策引导、资金扶持、技术迭代、人才创新等多因素影响下，我国文化产业呈现出了良好发展态势。但与人民精神文化生活新期待相比，现代文化产业发展还有很多不足之处。一是高质量文化供给不足。当前我国文化产业供需两端不平衡问题较为突出，低端供给过剩与中高端供给不足并存，文化产品有数量、缺质量，精品力作还比较少，有文化特色的现代企业制度尚未完全建立，社会效益和经济效益平衡难度较大。二是产业发展不平衡。区域发展不平衡问题仍然突出，东西差距明显，尤其是民族地区、边疆地区文化资源丰富但产业发展水平仍然比较低。发展基础还较为薄弱，市场机制在资源配置中的积极作用还没有得到充分发挥。三是文化企业实力偏弱。我国文化企业数量增长较快，但绝大多数都是小微企业，"小"和"散"的局面还没有彻底改观，参与国际竞争的能力还比较弱。现有的文化企业大多是轻资产企业，高度依赖创新创意，普遍面临盈利模式不稳定、生命周期短、可持续发展难度大等突出问题。四是创新驱动能力不足。在内容、技术、业态等方面的自主创新能力不足的问题较为突出，原创能力还不强，知名文化品牌较少。部分传统文化业态、服务形态以及文化企业还不能适应科技发展和时代要求，转型比较缓慢，生存面临严峻挑战。要聚焦突出问题，把调研的重点放在文化产业均衡发展、文化体制改革、文化管理制度创新、营商环境优化等方面，充分释放社会活力，推动我国文化产业高质量发展。

其四，主流思想舆论仍需进一步巩固壮大。巩固壮大主流思想舆论，是治国理政、定国安邦的大事。党的十八大以来，我们确立和坚持马克思主义在意识形态领域指导地位的根本制度，广泛践行社会主义核心价值观，推动全社会文明程度和中华文化影响力不断提升，全党全国人民团结奋斗的共同思想基础得到了进一步巩固。但不容忽视的是，巩固壮大主流思想舆论还面临着不少难题。一是理论学习和理论宣传"重形不重效""走形不走心"的现象时有发生。当前部分党员干部对于理论学习不够重视，学习常常处于被动状态，存在畏难情绪。有的在理论宣讲时照本宣科、不求甚解、浮在面上的多，以理服人、以情动人、入脑入心的少。二是培育社会主义核心价值观面临多重困境。当前我国道德建设仍滞后于经济建设，道德失范、行为失轨的现象屡禁不止。部分党员干部信仰缺失，不信马列信鬼神，不信组织信"大师"。部分群众的社会公德意识缺乏，把公共空间当成自己私欲的"跑马场"，对社会公德和公序良俗造成了很大破坏。三是我国哲学社会科学"有数量缺质量、有专家缺大师"的状况还未根本改变。当前，我国哲学社会科学的学科体系、学术体系、话语体系建设水平总体不高，学术原创能力还不强，学术评价体系还不够科学，管理体制和运行机制还不完善，人才队伍总体素质亟待提高，学风方面问题还比较突出。在有的领域中马克思主义被边缘化、空泛化、标签化，在一些学科中"失语"、教材中"失踪"、论坛上"失声"。[①] 四是推进媒体深度融合发展还存在动力不足、思路不清、工作偏差的问题。有的媒体缺乏居安思危、求新图变的紧迫感，有的媒体对推进媒体深度融合发展研究不够深入，有的媒体传统业务与新媒体业务还是"两张皮"，有的传统媒体在推进融合发展中资金缺乏、人才缺乏的问题比较突出。五是网络综合治理还存在体系不健全、机制不完善、治理能力有短板等问题。当前我国网络生态乱象屡禁不绝，网络诈骗、网络色情、网络暴力、网络个人信息和数据泄露等问题仍然突出。少数网络平台落实主体责任意识不强，法治观念淡薄，缺乏内容审核把关机制。部分领导干部没有牢固树立互联网思维，对网络舆论的引导能力、对信息化发展的驾驭能力、对网络安全的保障能力还很欠缺，依法治网、技术治网的能力水平有待提升。要高度重视这些突出问题，集中精力全面梳理和深入研究理论学习和宣传、社会主义核心价值观培育和践行、中国特色哲学社会科学构建、媒体深度融合、网络综合治理等方面存在问题，有针对性地提出巩固壮大主流思想舆论的新思路新办法。

---

① 习近平：《论党的宣传思想工作》，中央文献出版社 2020 年版，第 218—221 页。

五、党的建设面临的突出问题

全面建设社会主义现代化国家、全面推进中华民族伟大复兴，关键在党。经过党的十八大以来全面从严治党，我们解决了党内许多突出问题，但党面临的"四种考验"和"四大危险"仍将长期存在。要完成新时代新征程上中国共产党的使命任务，必须时刻保持解决大党独有难题的清醒和坚定，着力解决全面从严治党中的重大问题和重点问题。

其一，党组织政治功能和组织功能不够强。增强党组织政治功能和组织功能，是中国共产党百年奋斗的制胜秘诀。党的十八大以来，党的基层组织建设取得了重大进展和显著成就，但党的领导虚化弱化边缘化的现象仍然存在。一是部分基层党组织对"三会一课"等党的政治生活制度落实不力，存在娱乐化、庸俗化、随意化、平淡化的"四化"现象。二是党的领导落实到基层还有不少"中梗阻"。在一些国有企业，党的领导融入公司治理在总部一级做得比较好，再往下延伸则存在层层递减问题。在高校，党委领导下的校长负责制是明确的，但把党的领导贯穿办学治校、教书育人全过程则存在较大差距。在中小学、医院、科研院所，党组织领导的校长（院长、所长）负责制还没有完全建立起来。[①] 三是"两新"组织和新就业群体党建工作还存在短板。一方面，部分基层党组织的组建率较低、覆

[①] 《十九大以来重要文献选编》（上），中央文献出版社2019年版，第561页。

盖面不广，存在不少"空白点"，没有做到应建尽建，流动党员管理难题依然突出；另一方面，有的虽然组建了党组织，却存在功能不强、作用发挥不明显等问题。要高度重视这些问题，把调研重点放在制度落实、"两个覆盖"等方面，不断加大党的组织体系建设力度，突出增强政治功能和组织功能，推动党组织从"有形覆盖"到"有效覆盖"，为奋进新征程、建功新时代提供坚强有力的政治引领和组织保障。

其二，干事创业精气神不足和不担当不作为。党员干部良好的精神状态，是做好一切工作的重要前提。党的十八大以来，以习近平同志为核心的党中央高度重视提振党员干部干事创业的精气神，多措并举激励广大党员干部积极担当作为，为推动党和国家事业发展凝聚了强大力量。但不容忽视的是，当前部分党员干部干事创业精气神不足的现象还时有发生，"躺平"不作为，不敢动真碰硬、不敢攻坚克难等问题仍然较为突出。一是干事创业精气神不足。有的党员干部"敢较真"的勇气不足、底气不够，缺乏斗争精神，不敢与困难矛盾较真，遇到矛盾和困难上推下卸、推托躲绕，奉行利己主义。有的党员干部奉行"既不落后头，也不出风头"，怕决策失误，不敢拍板定事，干工作推诿拖延。有的党员干部德不配位、能力平庸，习惯用旧思路、老办法去应对实践中出现的新情况、新问题，挑不起重担、打不开局面。二是不担当不作为现象频发。有的党员干部缺乏对党忠诚、为党分忧、为党尽责、为民造福的政治担当，作风漂浮，得过且过、敷衍塞责，热衷于搞花拳绣腿。有的党员干部缺乏时不我待、只争朝夕、勇立潮头的历史担当，意志衰退，不思进取、懒政怠政，不作为、慢作为。有的党员干部缺乏守土有责、守土负责、守土尽责的责任担当，为了不出事宁愿不干事，患得患失、明哲保身，回避矛盾、不敢碰硬。要充分认识到这些问题的严重危害，驰而不息加强党的作风建设，坚持激励与约束并重，全面提振新时代共产党人锐意进取、担当有为的精气神，营造积极作为、争相担当的浓厚氛围。

其三，应对突发事件和防范化解风险能力不强。防范化解重大风险是各级党委、政府和领导干部的政治责任。党的十八大以来，以习近平同志为核心的党中央坚持底线思维，增强忧患意识，提高防控能力，着力防范化解重大风险，保持了经济持续健康发展和社会大局稳定。但还必须清醒地认识到，部分领导干部还存在忧患意识不强、斗争精神不足、防控能力不高等突出问题。一是忧患意识不强。有的安于现状，盲目乐观，缺乏进取动力；有的囿于眼前，轻视长远，对各种风险挑战缺乏应对准备；有的顾重小我，不谋大局，不关心国家前途、民族命运和群众疾苦；有的掩盖矛盾，回避问题，习惯于听喜不听忧、报喜不报忧；等等。[1] 二是斗争精神不足。有的存在精神萎靡、贪图安逸、得过且过、知难而退等消极心态，爱惜羽毛、语焉不详、好人主义、怕事躲事等问题较为突出。有的在重大原则问题和大是大非面前立场不坚定、旗帜不鲜明，在工作任务面前拈轻怕重、挑肥拣瘦，在问题矛盾困难面前畏缩不前、消极躲避，在重大风险挑战面前警惕性不足、本领不强。三是防控能力不高。有的风险意识不强，没有充分认识到防范化解重大风险的重要性和紧迫性，不善于从

---

① 参见《中共中央关于党的百年奋斗重大成就和历史经验的决议》辅导读本，人民出版社 2021 年版，第 484 页。

纷繁复杂的矛盾中把握规律、识别风险。有的驾驭风险的能力不足，尤其是在运用互联网进行风险监测、风险沟通、舆论引导等方面还有"本领恐慌"。要进一步强化政治自觉和责任担当，不断增强全面识别风险、准确评估风险、科学处置风险、精准沟通风险、实时监测风险的能力，牢牢把握防范化解重大风险的战略主动。

其四，形式主义和官僚主义仍较突出。形式主义和官僚主义是阻碍党的路线方针政策和党中央重大决策部署贯彻落实的大敌。党的十八大以来，党中央坚持打铁必须自身硬，从制定和落实中央八项规定开局破题，以钉钉子精神重点纠治"四风"，享乐主义、奢靡之风等显性问题明显减少，但形式主义、官僚主义等非显性问题仍一定程度存在。一是形式主义问题屡禁不止。在现实生活中，形式主义常常是"按下葫芦浮起瓢"，新旧形式主义问题层出不穷。有的讲空话、喊口号，把说的当做了，把做了当做成了。有的好大喜功、脱离实际，热衷于"形象工程""面子工程""政绩工程"。有的以为抓工作落实就是层层发文、层层开会，贯彻党中央决策部署"依葫芦画瓢"，搞"上下一般粗"等等。形式主义背后是功利主义、实用主义作祟，政绩观错位、责任心缺少，用轰轰烈烈的形式代替了扎扎实实的落实，用光鲜亮丽的外表掩盖了矛盾和问题。二是官僚主义问题屡治不息。在现实生活中，官僚主义具有顽固性反复性。有的干工作懒散松懈、拖拖拉拉，信奉"只要不出事，宁愿不做事"，"平平稳稳当官，凑凑合合干事"，"不求过得硬，只求过得去"，对工作任务敷衍了事。有的颐指气使，高高在上，总爱显摆自己与众不同，习惯于"吆来喝去、前呼后拥"的派头等等。官僚主义背后是封建残余思想作祟，根源是官本位思想严重、权力观扭曲，做官当老爷，高高在上，脱离群众，脱离实际。① 对此，要从讲政治的高度来审视，从思想和利益根源上来破解，把全面从严治党要求真正落到实处。

其五，腐败问题产生的土壤和条件尚未彻底铲除。当前，反腐败斗争形势依然严峻复杂，遏制增量、清除存量的任务依然艰巨。行业性、系统性、地域性腐败比较突出，一些地方腐败分子"前腐后继"现象令人触目惊心。一是新型腐败隐性腐败花样翻新，手段更趋隐蔽。基层"微腐败"、基层干部"小官大贪"、"村霸""街霸""矿霸"欺压百姓等现象时有发生。二是政商关系不清、边界不清导致的勾连腐败问题客观存在。一些资本利益集团在党内寻找代言人、代理人，资本和权力相互加持，破坏政治生态和经济发展环境。三是"围猎"腐蚀的问题客观存在。有的商人老板对领导干部特别是"一把手"处心积虑拉拢腐蚀，甚至从其家属、子女身上打开缺口。四是权力制约监督不到位甚至缺失的问题没有根本解决。"牛栏关猫"的问题已经基本解决，但制度漏洞依然存在，特别是对新型生产方式、新兴经济领域的监管还显滞后，监督制度有效供给还显不足。五是社会上对腐败行为的错误认知仍然存在。有的笑廉笑贫不笑贪，羡慕腐败者潇洒，嫌弃清廉自守者窝囊。有的搞双重标准，对他人腐败痛恨、对自身腐败宽容，对陌生人高标准、对身边人低标准，等等。这些错误认知如果得不到纠偏引导，容易纵容滋生腐败问题。必须深化标本

---

① 《习近平关于力戒形式主义官僚主义重要论述选编》，中央文献出版社 2020 年版，第19—32 页。

兼治、系统治理，一体推进不敢腐、不能腐、不想腐，以彻底的自我革命精神不断铲除滋生腐败的土壤，健全防治腐败滋生蔓延的体制机制，全面巩固压倒性胜利，增强治理腐败效能，坚决打赢这场攻坚战持久战。

第六章

调查研究的"四实经"

习近平总书记在 2017 年中央政治局民主生活会上明确指出，开展深入细致的调查研究，要抓住老百姓最急最忧最怨的问题，解决好群众最关心最直接最现实的利益问题，真正把功夫下到察实情、出实招、办实事、求实效上。察实情是调查研究的首要目标，出实招是调查研究的重要任务，办实事是调查研究的根本要求，求实效是调查研究的价值取向。从河北正定地方领导实践到党的十八大以来治国理政非凡历程，习近平总书记始终将"察实情、出实招、办实事、求实效"作为调查研究的基本遵循，身体力行作出调研示范，为各级领导干部从事调查研究树立了标杆。

一、察实情

调查研究的首要目标是了解和掌握真实情况，不能走马观花、蜻蜓点水，一得自矜、以偏概全。2003 年 2 月，时任浙江省委书记的习近平在《浙江日报》"之江新语"专栏发表开篇文章，题目是《调研工作务求"深、实、细、准、效"》。在这篇两百多个字的短文里，习近平强调，"各级领导干部在调研工作中，一定要保持求真务实的作风，努力在求深、求实、求细、求准、求效上下功夫。"

领导干部只有扑下身子、沉到一线，多到困难多、群众意见集中、工作打不开局面的地方去体察实情、解剖麻雀，调查研究才能全面掌握情况，做到心中有数。1988 年 6 月，时任福建省宁德地委书记的习近平刚一到任，就马不停蹄地一头扎进基层调研。前两个月，基本是 2 天一个县，每个县主要乡镇、村庄都要走一走。到任 3 个月内，习近平同志走遍了闽东地区 9 个县，跑遍了绝大部分乡镇。时任宁德地委政研室副主任李金煊回忆："只要不开会，一有点时间，习书记就要下乡去，一年里半年的时间都在下乡。"当时有政研室的同志总结习近平同志到闽东后不知道"掀了多少锅盖、掀了多少桌盖、掀了多少铺盖"①。经过充分而扎实的一线调研，习近平同志明确提出将脱贫作为闽东的一项重要工作。他调研发现，像宁德这样经济比较落后的地区，发展受历史条件、自然环境、地理因素等诸多方面的制约，没有什么捷径可走，不可能一夜之间就发生巨变，只能是渐进的由量变到质变，滴水石穿般的变化。习近平同志认为，宁德需要从思想上淡化"贫困意识"，找准比较明确的脱贫手段，一步一个脚印地实干。

精准扶贫思想是习近平总书记在长期调查研究基础上不断总结提炼形成的。2013 年 11 月，习近平总书记在湖南省湘西土家族苗族自治州花垣县排碧乡十八洞村考察时，首次明确提出"精准扶贫"，党的十八大以来在实践中逐步形成了精准扶贫思想。回望来

---

① 兰锋、郑昭、林蔚、单志强：《山河情怀　赤子初心——习近平总书记在福建的探索与实践·党建篇》，《福建日报》2017 年 7 月 13 日。

时路,习近平总书记曾经将在宁德工作时有关扶贫开发的思考结集成书《摆脱贫困》,这为新时代脱贫攻坚事业提供了宝贵的地方实践。致贫原因千差万别,扶贫脱贫的方法也应当对症下药、靶向治疗,不能大水漫灌、"手榴弹炸跳蚤"。习近平在《摆脱贫困》中写道,"今后闽东的发展,不但需要艰苦奋斗的精神,更需要寻找适合闽东经济发展的道路,其指导思想我把它归结为'因地制宜、分类指导、量力而行、尽力而为、注重效益'。"从在宁德提出农业产业化思路,开发茶叶、菌菇等特色产业,到党的十八大后明确制定精准扶贫"六个精准""五个一批"基本方略,习近平总书记在扶贫开发中的重大决策部署无一不是在深入一线调查研究形成规律性认识后作出的。

党的十八大以来,习近平总书记在治国理政实践中高度重视调查研究,足迹遍布大江南北,为各级领导干部作出生动示范。2020年,面对统筹疫情防控和经济社会发展"双战"考验,总书记先后赴云南、北京、湖北、浙江、陕西、山西、宁夏、吉林、安徽、湖南、广东、上海、江苏等地考察调研,到基层看企业、访农户、问民生,在深入调查研究基础上就统筹推进常态化疫情防控和经济社会发展作出一系列重要指示和决策部署。2020年习近平总书记赴浙江考察调研时发现,在疫情冲击下,全球产业链供应链发生局部断裂,直接影响到我国国内经济循环。当地不少企业需要的国外原材料进不来、海外人员来不了、货物出不去,不得不停工停产。2020年3月底,习近平总书记冒雨来到浙江舟山港,实地考察复工复产情况。他说:"我感觉到,现在的形势已经很不一样了,大进大出的环境条件已经变化,必

须根据新的形势提出引领发展的新思路。"① 回京后不久，在 2020 年
4 月 10 日召开的中央财经委员会第七次会议上，习近平总书记明确
提出："构建以国内大循环为主体、国内国际双循环相互促进的新发
展格局"。10 月，党的十九届五中全会对构建新发展格局作出全面部
署。构建以国内大循环为主体、国内国际双循环相互促进的新发展格
局，是习近平总书记根据我国发展阶段、环境、条件变化，特别是国
际局势风云变化和我国比较优势变化，在调查研究基础上审时度势作
出的重大决策。构建新发展格局是一场事关全局的系统性、深层次变
革，也是立足当前、着眼长远的战略谋划，就是要在各种可以预见和
难以预见的狂风暴雨、惊涛骇浪中，增强我国经济发展的生存力、竞
争力、发展力、持续力。

实践证明，调查研究既要"身入"基层，更要"心到"基层。虽
然现在通信很发达，通过打电话、发微信、看材料也能了解很多情
况，但毕竟与一线情况一手资料隔了一层，不如现场看、当面听、直
接问和"七嘴八舌式"的讨论来得真实鲜活。领导干部从事调查研究，
要千方百计直插一线、直接面对群众，听真话、察真情，真研究问
题、研究真问题，把真实情况摸实摸透。

调查研究要坚持从群众中来、到群众中去，不能搞作秀式调研、
盆景式调研、蜻蜓点水式调研，力戒形式主义、官僚主义。在一些地
方，调查研究被赋予了特殊"功能"，调研活动专门安排记者随行采
访、摄像机全程拍摄，过度注重留痕，调查研究的本来目的反倒变成

---

① 《习近平谈治国理政》第 4 卷，外文出版社 2022 年版，第 174 页。

次要的，甚至可有可无的了。察实情，内在要求调查研究作风要实，做到轻车简从，简化公务接待，尽量减少基层负担。

在河北正定工作时，习近平总书记调研就习惯不打招呼，直接下乡、下厂、入户。有一次，在乡镇调研时，当地领导上了几个"硬菜"，习近平总书记直接说："不行，不能搞这个，我就吃家常便饭。"[1] 党的十八大后，党中央制定《关于改进工作作风、密切联系群众的八项规定》及其实施细则，对调查研究减少陪同人员、简化接待工作、改进警卫工作和注重实际效果提出明确要求。2012 年 12 月 7 日至 11 日，习近平总书记在党的十八大之后第一次出京调研，赴改革开放的前沿广东，宣示改革不停顿、开放不止步。在广东调研期间，习近平总书记轻车简从，不封路、不清场、不铺地毯、没有安排群众迎送、没有出现欢迎横幅、住的都是普通套房、用餐都是自助餐，这是习近平总书记带头执行中央八项规定的一次生动示范。一位深圳市民在微博里写道："巧遇习总书记车队，警用摩托有闪灯无警笛，中巴未拉窗帘。看来，不封路也没什么大不了的！致敬！"

调查研究既要到工作开展好的地方去总结经验，更要到困难较多、情况复杂、矛盾尖锐的地方去解决问题，近的远的都要去，好的差的都要看，干部群众表扬和批评都要听。只有采取"蹲点调研""解剖麻雀"等调研方式拿到一手资料、摸清了实际情况，才有可能理解事物的本质和规律，找到解决问题的办法。2023 年，中央办公厅印发《关于在全党大兴调查研究的工作方案》，专门要求要采取"四不

---

① 邱然、陈思、黄珊：《"习书记在生活上跟基层干部没啥区别"——习近平在正定》，《学习时报》2018 年 3 月 13 日。

两直"方式，多到困难多、群众意见集中、工作打不开局面的地方和单位开展调研。何谓"四不两直"？就是指事前不发通知、不打招呼、不听汇报、不用陪同接待，直奔基层、直插现场的调研方法。为什么要采取"四不两直"方式调研？就是要防止调研工作走形式、走过场，防止只报喜不报忧，让调研者有更多的自主活动，力求准确、全面、深入了解情况。

《习近平在福建》一书生动记录了习近平同志在福建工作期间采取"随机调研""借力调研"的科学方法。2002 年，习近平同志带队到福建省南平市光泽县调研，看完安排的考察点后他提出再看看其他乡镇。调研组一行来到临近江西省的止马镇杉关村与农田里干活的农民聊起家常来。因紧靠江西，两省边界地区长途电话不通，群众要到江西省界内的邮局打长途电话到福建省内，花钱多又不方便，电视能收看江西新闻却看不了福建新闻[①]。习近平马上指示有关部门尽快把有线电视和长途电话覆盖到靠近省界的偏远地区，这些问题很快得到了解决。

习近平同志在福建工作期间善于"借力调研"，借助媒体记者和专家智囊力量开展调研。他认为，媒体记者参与调研可以了解省情、提出意见、助推工作。习近平同志担任福建省省长后，组建了经济社会发展顾问团、数字福建顾问团、国际顾问团、法律顾问团等一系列决策咨询智囊团，定期听取顾问团成员对政府工作的意见建议，拓展了调查研究的外延，更大范围汲取各方面的智慧。

---

① 中央党校采访实录编辑室：《习近平在福建》（上），中共中央党校出版社 2021 年版，第 334 页。

二、出实招

调查研究既不是单纯的实地考察，也不是纯粹的理论研究，而是一种理论与实践相结合的对策性应用研究，必须"研以致用"，通过调研谋划务实管用的思路举措，制定切实可行具有科学性、合理性和操作性的政策措施。

通过调查研究制定政策举措，是一个系统工程。一是要底数清、情况明。通过"解剖麻雀"把实际情况摸准摸透，做到胸中有数、有的放矢。二是科学把握政策问题的本质和成因，防止就事论事甚至本末倒置。三是制定政策措施任务要明确清晰，政策措施和项目都要具体化、操作化，分工合理、责任明确，做到可督查、能问责。四是政策措施要简便易行、务实管用，坚持一切从实际出发，推动政策落细落地。

在福建工作期间，习近平同志倡导"马上就办、真抓实干"的工作理念，掀起了一场机关效能建设的新风。习近平同志刚到福州任职时，整个城市经济实力还很弱，基础设施落后，一些干部的作风也比较散漫。他在机关工作作风方面进行了大量调研，掌握了第一手资料，了解了真实情况，首先致力于在福州市党政机关营造一个"马上就办、真抓实干"的优良环境。1990 年 5 月 17 日，习近平同志带队冒雨看望从连江搬迁至五凤山营区的某师师部时，当场研究解决 300 多个户口进城、100 多名子女转学和部分家属就业问题，作出"部队的事情要特事特办，马上就办"的指示① 。

习近平同志倡导的"马上就办"工作作风对 20 世纪 90 年代初从计划经济向市场经济转轨亟须改革体制机制的福州，具有很强的指导意义。作为首批 14 个沿海开放城市之一的福州，发展软环境却不尽如人意。政府部门办事拖拉、效率低下的现象一度较为突出，企业和群众办事门难进、事难办等问题不同程度存在。那时外商到福州设立公司、投资设厂，需要到工商、税务、海关等部门登记，再到土地、建设等部门审批。这些政府分布在福州市各个地点，企业要挨个儿去办理手续，正常情况下走完所有流程至少要盖 140 多个公章，耗时一年多。

针对福州市营商环境存在的种种问题，1991 年 3 月习近平同志在深入调查研究基础上提出要采取"一栋楼"办公和有关部门委托代理、上门服务等办法，减少图章和公章旅行。全市 20 多个政府部门和社会服务单位在"一栋楼"里集中办公，外商享受到了"马上就办"的服务，可以一口气办完营业执照、税务登记、银行开户等一系列手续，再也不用满城跑了② 。

1991 年 2 月 23 日，福建省委、省政府来马尾现场办公，召开开发区工作会议。当天上午，福建省委、省政府做出了关于建议加快马尾发展的十二条意见。中午，时任福州市委书记的习近平便指示市直

---

① 《秘书工作》采访组：《实干才能梦想成真——习近平同志在福州工作期间倡导践行"马上就办"纪实》，《秘书工作》2015 年第 2 期。

② 邱然、黄珊、陈思：《"近平同志为福州百姓花了很多心血"——习近平在福州（四）》，《学习时报》2019 年 12 月 18 日。

相关部门在马尾起草了配套支持发展的十二条意见，明确提出"马尾的事，特事特办，马上就办"。

"马上就办"由一种工作理念、工作作风，逐渐丰富发展为一整套科学管用的抓落实工作机制，从福州向福建全省乃至全国推广。2000年，时任福建省省长的习近平大力倡导并推动机关效能建设，亲自担任省机关效能建设领导小组组长，在全国率先提出建设服务型政府。他将"马上就办"进一步拓展为改进工作作风，增强服务意识，加强廉政监督，提高工作效率和社会效益的综合性、长期性工作。今天"马上就办、真抓实干"八个红色大字依然镶嵌在福州市行政服务中心大门口的墙上，"马上就办""效能建设""服务型政府"的理念和实践已经蔚然成风，内化为各级党政机关转变作风、为民服务、推动落实的价值追求。

党的十八大以来，以习近平同志为核心的党中央将处理政府与市场关系作为经济体制改革的核心问题，大力推进政府职能转变和简政放权。全国各地认真贯彻落实党中央决策部署，探索了"最多跑一次""不见面审批""马上办网上办一次办""一枚印章管审批""'不打烊'网上政府"等行之有效的改革举措，极大地方便了企业和群众办事创业，有效降低了制度性交易成本，激发了市场活力和社会创造力，受到人民群众普遍欢迎。

从福州"马上就办"到今天政务服务"马上办网上办指尖办"，一系列经过充分研究、比较成熟的调研成果和做法经验，及时上升为顶层设计决策部署，转化成利企惠民的具体措施，推动解决企业和群众到政府办事"门难进、事难办、脸难看"问题。

调查研究获得的大量材料，该如何研究分析，才能形成对事物发展的规律性认识？习近平总书记强调"由此及彼、由表及里"地全面深入细致地了解实际情况，更要善于分析矛盾、发现问题，透过现象看本质，把握事物发展规律。"晋江经验"的总结提炼，生动展现了习近平同志通过调查研究把握县域经济发展规律的过程。

福建省晋江市是全国百强县之一，"晋江经验"是 1996 年到 2002 年期间，习近平七下晋江，到企业、进社区、访农村、走基层，在实地调研中总结提出的县域发展理论。习近平同志到福建省委工作后，经常到泉州调研，走遍泉州所有的县、市、区，特别是 1996 年到 2002 年期间 6 年中 7 次到晋江调研。他认为，晋江的发展模式简单归纳起来是"三为主一共同"。"三为主"就是市场调节为主、外向型企业为主、股份合作制为主，"一共同"就是多种经济成分共同发展。晋江探索的做法经验对整个福建乃至对全国县域经济发展，都具有借鉴价值。

改革开放以来，晋江人走遍全国去做市场调查，了解市场需求后组织原材料进行生产。晋江的服装鞋帽、日用品等商品，远销全国各地甚至海外，县域经济快速发展，引发国内政策研究和理论界广泛关注。晋江以市场调节、股份合作制、外向型经济为主，同时兼顾多种经济成分共同发展的发展经验，得到费孝通、陆学艺等知名学者的高度重视，"晋江模式"与"苏南模式""温州模式""珠江模式"一度并称。

晋江在全国县域发展成绩突出，对晋江发展经验的总结，究竟称之为"模式"还是"经验"，存在不同的看法。习近平同志认为，"不要叫模式，模式相对来说比较死板，还是叫'晋江经验'比较好，经验是可以灵活借鉴的东西。"① 习近平同志在比较中分析发现，泉州市所辖各区县都在借鉴"三为主一共同"的思路，但在借鉴过程中又有各自的发展特色，并不是照搬晋江原有的模式。县域经济发展并不存在统一的模式，其他地区也不可能照搬某种模式，所以还是叫"晋江经验"更为合理。

在充分肯定晋江发展的成绩和经验时，习近平同志也发现晋江发展中存在着一些不足：企业虽不少，有影响力的大企业却不多；产量虽不低，产品的技术含量却不高；鞋帽服装饰品企业多，高精尖技术却稀少；工业化发展热气腾腾，城市化发展却相对滞后等等……

2002 年 6 月 16 日，在泉州市委、市政府的汇报会上，时任福建省省长习近平经过多年考察研究、深入调研、问计于民，第一次正式提出"晋江经验"这一概念②，明确提出"晋江经验对福建经济发展的启示"，要求全省各地认真学习借鉴。在长期调研和深入思考基础上，习近平同志正式提出并系统阐释"晋江经验"的做法、意义与启示。2002 年 8 月 20 日，《人民日报》刊发习近平同志署名文章《研究借鉴晋江经验　加快县域经济发展——关于晋江经济持续快速发展的调查与思考》，将"晋江经验"总结为市场导向、顽强拼搏、诚信发展、本地优势、服务型政府五条启示。

---

① 中央党校采访实录编辑室：《习近平在福建》（下），中共中央党校出版社 2021 年版，第 135 页。

② 中央党校采访实录编辑室：《习近平在福建》（下），中共中央党校出版社 2021 年版，第 138 页。

2002 年 10 月 4 日，《福建日报》刊发习近平同志署名文章《研究借鉴晋江经验加快构建三条战略通道——关于晋江经济持续快速发展的调查与思考》，将"晋江经验"概括为六个坚持：始终坚持以发展社会生产力为改革和发展的根本方向；始终坚持以市场为导向发展经济；始终坚持在顽强拼搏中取胜；始终坚持以诚信促进市场经济的健康发展；始终坚持立足本地优势和选择符合自身条件的最佳方式加快经济发展；始终坚持加强政府对市场经济发展的引导和服务。他强调，发展"晋江经验"必须正确处理好五大关系：正确处理做大做强企业与发展中小企业的关系；正确处理发展传统产业与发展高新技术产业的关系；正确处理资源配置和加强整合的关系；正确处理工业化与城市化的关系；正确处理服务与引导的关系。

二十多年过去了，"晋江经验"的总结提炼过程已经成为调查研究的光辉典范，经历了时间和历史的检验，历久弥新。习近平同志总结的"晋江经验"，不仅对新世纪之初县域经济发展具有很强的指导作用，对今天贯彻新发展理念、推动高质量发展也具有极强的现实意义。

三、办实事

调查研究的内容重点是围绕中心、服务大局，全面掌握情况、切实找准问题、破解发展难题。《关于在全党大兴调查研究的工作方案》明确要求，调查研究要直奔问题去，实行问题大梳理、难题大排查，着力打通贯彻执行中的堵点淤点难点。习近平总书记在党的二十大报告中明确指出，"我们要实现好、维护好、发展好最广大人民根本利益，紧紧抓住人民最关心最直接最现实的利益问题，坚持尽力而为、量力而行，深入群众、深入基层，采取更多惠民生、暖民心举措，着力解决好人民群众急难愁盼问题，健全基本公共服务体系，提高公共服务水平，增强均衡性和可及性，扎实推进共同富裕。"

为群众做实事是习近平总书记始终不渝的信念。在《我是黄土地的儿子》这篇回忆文章中，他写道："陕北高原是我的根，因为这里培养出了我不变的信念：要为人民做实事！"1969 年，不满 16 岁的习近平从北京来到陕西省延川县梁家河大队插队，一干就是 7 年。他与乡亲们一起摸爬滚打，打井、修淤地坝、修梯田、建沼气池，改善生产生活条件。1999 年，在接受《东方时空》采访时，习近平同志说，梁家河七年知青岁月"我看到了人民群众的力量，看到了人民群众的根本，真正理解了老百姓，了解了社会，这个是最根本的。很多实事求是的想法，都是从那个时候生根发芽的，以至于到现在，每时每刻影响着自己"。

调查研究要找准改革发展中的真问题，抓住主要矛盾和矛盾的主要方面，通过调研成果服务改革发展决策。1982 年，习近平同志到河北正定担任县委副书记，推动"大包干"在正定试点并取得成功，开创了河北全省"大包干"先河。他在正定经常骑车下乡搞调研、走访群众，发现人民公社体制下农民干活没有什么积极性。正定是全国闻名的产粮大县，农民群众收入水平却不高。当时南方省份安徽和四川正在酝酿搞"大包干"，千方百计调动农民生产积极性。习近平同志一直在思考正定能不能搞"大包干"试点。当时搞"大包干"，中央没文件，河北省没精神，石家庄地委领导没讲话，是一项冒风险的改革。经过一番调查研究，根据习近平的意见，正定县委选择了离县城远、经济发展比较落后的里双店公社搞"大包干"试点，结果一年就获得了成功，公社农业产值翻了一番半，社员年人均收入分配从 210 多元涨到了 400 多元。①

人民对美好生活的向往就是我们的奋斗目标。好的方针政策应该顺应人民意愿、符合人民所思所盼，从群众中来、到群众中去。习近平总书记曾说，"党中央制定的政策好不好，要看乡亲们是哭还是笑。要是笑，就说明政策好。要是有人哭，我们就要注意，需要改正的就要改正，需要完善的就要完善。"

调查研究要着力解决好人民群众急难愁盼的实际问题。千百年来，福建沿海一直生活着一个特殊的困难群体，以船为家、终日漂泊在海上，无土地、无房屋、无户籍，因为家连着船、船连着家，他们被称为"连家船民"。改变"上无片瓦，下无寸土"的生活状态，是每一位连家船民的梦想，也是习近平同志在福建工作期间的夙愿。1988 年，习近平同志在宁德工作时到基层调研，连家船民困窘的生活给他留下了深刻的印象。1991 年 3 月，时任福州市委书记习近平登上低矮逼仄的连家船，实地察看船民的生活，登岸之后立即召开现场办公会解决船民搬迁上岸问题。习近平说，"在宁德、福州和后来到省里工作期间，我多次到这些群众的家中走访，也一直在思考如何能使这些困难群众彻底摆脱贫困、安居乐业。我心里感到很不安，就

---

① 中央党校采访实录编辑室：《习近平在正定》，中共中央党校出版社 2019 年版，第 8 页。

想决不能让乡亲们再漂泊下去了。"①

1995年，习近平同志任福建省委副书记后，多次下基层调研连家船民的生活境遇，他下定决心解决连家船民上岸问题。1997年，在习近平同志的建议下，福建省把"连家船民搬迁上岸"纳入了为民办实事项目，政府免费提供土地，负责路、电、水、通信、广播电视信号等"五通"工作，船民上岸建房还有补助。截至1997年底，福建全省还有连家船民4125户、18466人，主要分布在宁德、福州、漳州等10个县（市）的35个乡（镇）、78个行政村。1998年12月，习近平同志主持召开连家船民上岸定居现场会，专题研究连家船民上岸定居政策，亲力亲为推动连家船民上岸。他在现场会上说："古人尚且讲'意莫高于爱民，行莫厚于乐民'，我们共产党人看到群众生活如此困苦，更应感到寝不安席、食不甘味！没有'连家船民'的小康，就没有全省的小康。这件事非做好不可，要让所有的'连家船民'都能跟上全省脱贫致富奔小康的步伐，实实在在地过上幸福生活。"②

因上岸后缺乏谋生手段等原因，一些船民难以适应陆上生活，上岸后不久又回到了渔船上。基于细致调研和深入思考，习近平同志对"连家船民上岸定居"工程提出了更高要求："连家船民搬迁，不能把房屋盖起就算完事，更要让他们有生活、有出路，能挣着钱，不能人上了岸，心还留在船上。"③ 经过持续不断的努力，连家船民终于告别了祖祖

---

① 《习近平总书记的扶贫情结》，《人民日报》2017年2月24日。

② 《习近平总书记的扶贫情结》，《人民日报》2017年2月24日。

③ 吴美章、郑璜、黄琳斌：《全面小康，一个都不能少——习近平总书记在福建的探索与实践·扶贫篇》，《福建日报》2017年8月25日。

辈辈漂泊海上的历史，一步一步实现搬上岸、住下来、富起来的梦想。

全心全意为人民服务是中国共产党的根本宗旨，始终坚持一切为了人民、一切依靠人民，始终保持同人民群众的血肉联系，始终同人民同呼吸、共命运、心连心。践行党的群众路线开展调查研究是解决群众反映集中的共性需求和存在的普遍性问题、发展亟待解决的痛点难点问题、长期未能解决的民生历史遗留问题的重要途径。为民办事、为民造福始终是习近平调查研究的出发点和落脚点。群众利益无小事，群众的一桩桩"小事"，汇集起来就是国家的大事。从事调查研究，一定要时时刻刻把群众的冷暖挂在心上，真心诚意地为人民群众办实事、做好事、解难事。

浙江省淳安县枫树岭镇下姜村流传这样一首民谣："土墙房、半年粮，有女不嫁下姜郎。"下姜村在浙西地区"穷"出了名气。2003年4月24日上午，时任浙江省委书记习近平换了汽车、轮渡等几种交通工具来到自己的基层联系点下姜村调研。20世纪80年代初，下姜村村民为了摆脱贫困，纷纷上山砍树。40多座木炭窑同时开烧，整个村庄烟雾缭绕。短短几年间，6000多亩林子不见了，群山成了秃头。在调研中村支书姜银祥提出："想请省里帮我们建沼气，否则，山就要砍光了。"习近平同志当即肯定："这个提议好！对老百姓来说，他们身边每一件生活小事，都是实实在在的大事。正像人的身体一样，小的'细胞'健康，大的'肌体'才会充满生机与活力。"他请随行的同志记下来，并叮嘱："资金由省财政解决。"① 几天之后，省农

---

① 王慧敏、方敏：《心无百姓莫为官——习近平同志帮扶下姜村纪实》，《人民日报》2017年12月28日。

村能源办公室便派专家入村进行指导，资金也很快落实。

习近平同志在下姜村种茶大户姜德明家召开座谈会，询问农产品生产和销售情况，与村民们一起算账。他发现下姜村蚕桑、茶叶、早稻的产量都不低，但村民收入却并不理想。主要原因在于种的都是大路货，没有做到优质高效和错位发展，产品缺乏市场竞争力。习近平同志问，"你们村有没有科技特派员？"村支书姜银祥摇摇头。"省里研究一下，给你们村派一个科技特派员来"，习近平同志说。在习近平同志的关怀下，浙江省中药研究所高级工程师俞旭平进驻下姜村，调研一个月后得出了结论：村里的土壤最适合种中药材黄栀子。很快，从前只能长杂草、灌木的土地种上了500亩黄栀子。两年后，当村民们数着厚厚的钞票时，发自内心地说："服了！"

2005年3月22日，习近平同志又一次来到下姜村，提出要看黄栀子基地。当得知每户农民通过药材种植，能收入4000多元后，习近平拍了拍俞旭平的肩膀："做得好！你有功啊！"习近平对浙江省随行的同志说："授之以鱼不如授之以渔。要不断完善特派员、指导员制度，真正做到重心下移。今后，驻村指导员，全省要做到每个村一个。"① 不久后，驻村指导员走进了浙江的3万多个村庄。党的十八大以来，全国共选派28.98万名科技特派员奔赴脱贫攻坚第一线，实现了对全国近10万个建档立卡贫困村科技服务和创业带动全覆盖，科技特派员成为脱贫攻坚的"生力军"。

习近平同志与人民始终心连心，即使离开浙江后，他依然关心

① 王慧敏、方敏：《心无百姓莫为官——习近平同志帮扶下姜村纪实》，《人民日报》2017年12月28日。

关注下姜村的建设和发展。2011 年春节前夕，下姜村的乡亲们给习近平写信，邀请他再来走走下姜村的山间小道，坐坐百姓农家的小板凳，听听父老乡亲们的心里话。不久后，村党总支收到了习近平同志来自北京的回信。习近平同志在回信中写道，他在浙江工作期间先后 4 次到下姜村调研，与村里结下不解之缘。他了解到下姜村又有了新变化，经济持续发展，村容村貌进一步改善，群众生活越来越好。习近平同志在信中祝愿大家日子越过越红火。

心无百姓莫为官。调查研究要始终将为民办实事作为根本目的，不断发现问题、解决问题，在发展中改善和保障民生。只有这样，才能让调研更有分量。

四、求实效

调查研究是为了解决问题，不能为了调研而调研，不能搞形式主义，让调查研究成了"走过场""凑指标"。调查研究要明确目标任务，对调研中反映和发现的问题进行认真梳理，列出问题清单、责任清单、任务清单，制定解决措施、落实责任，确定完成时限。加快工作落实，对短期能够解决的问题，进行立行立改、快办快结。对于需要多部门协作或多领域合作才能解决的问题，进行合理分工，制定路线图、时间表、任务书，推动问题尽快解决。

习近平总书记在 2019 年 5 月 31 日在"不忘初心、牢记使命"主题教育工作会议上的讲话中明确要求，"调查研究要注重实效，使调研的过程成为加深对党的创新理论领悟的过程，成为保持同人民群众血肉联系的过程，成为推动事业发展的过程。要防止为调研而调研，防止搞'出发一车子、开会一屋子、发言念稿子'式的调研，防止扎堆调研、'作秀式'调研"。

判断调查研究做得好不好，不是看调查研究的规模有多大、时间有多长，也不是光看调研报告写得怎么样，关键是要看调查研究的实效，看调研成果的运用，看能不能把问题解决好。为什么有的调查研究浮于表面，中看不中用？根本原因在于调查不够、研究不够，导致难以解决实际问题。调查研究者在获取大量一手资料之后一定要进行深入细致的思考，进行一番交换、比较、反复，把零散的认识系统化，把粗浅的认识深刻化，直至找到事物的本质规律，找到解决问题的正确办法。

集体林权制度改革，被誉为继"家庭联产承包责任制"之后中国农村的又一项革命。习近平同志在福建亲手主导的集体林权制度改革，对福建保护生态环境资源、增加农民收入产生了重大影响，由地方探索上升为顶层设计。

2021 年 9 月 1 日，在中央党校（国家行政学院）中青年干部培训班开班式上，习近平总书记向学员们讲述了他在福建工作期间推动林权制度改革的故事："我在福建工作时，针对福建是林业大省、广大林农却守着'金山银山'过穷日子的状况，为解决产权归属不清等体制机制问题，推动实施了林权制度改革。当时，这项改革是有风险的，主要是上世纪 80 年代有些地方出现了乱砍滥伐的情况，中央暂停了分山到户工作。20 多年过去了，还能不能分山到户，大家都拿不准。经过反复思考，我认为，林权改革关系老百姓切身利益，这个问题不解决，矛盾总有一天会爆发，还是越早解决越好，况且经济发展了、农民生活水平提高了，乱砍滥伐因素减少了，只要政策制定得好、方法对头，风险是可控的。决心下定后，我们抓住'山要怎么分''树要怎么砍''钱从哪里来''单家独户怎么办'这4个难题深入调研、反复论证，推出了有针对性的改革举措，形成了全国第一个省级林改文件。2008年中央10号文件全面吸收了福建林改经验"。①

调查研究是一个认识不断深化发展的过程，离不开"解刨麻雀"、试点先行。习近平同志研究福建林权制度改革时明确提出，山林承包到户没有先例，不怕冒险，但要试点逐步推进。福建选择了林权制度改革先行一步、矛盾问题突出的武平县进行试点。随着试点推开，各类问题逐渐暴露出来，有干部认识不到位的问题，还有方式方法科学性的问题，涉及林改的上访增多。在武平改革试点的关键时刻，习近平到武平县调研农业农村工作。他在听取县委县政府汇报后语重心长地说："林改的方向是对的，关键是要脚踏实地地向前推进，让老百姓真正收益。"② 通过调研，习近平同志充分肯定了武平林权制度改革的做法，并明确向全省林业部门提出要解决好"钱从哪里来、树要怎么砍、单家独户怎么办"等问题。针对这些关键性问题，福建省锐意改革、开拓进取，在全国率先开展林权抵押贷款、重点生态区位商品林赎买、组建林业专业合作社、建设林权交易市场等体制机制创

---

① 习近平：《努力成为可堪大用能担重任的栋梁之才》，《求是》2022年第3期。

② 吴毓健、林侃、方炜航：《改革争先 击水中流——习近平总书记在福建的探索与实践·改革篇》，《福建日报》2017年7月17日。

新，农民得到了实惠，生态得到了保护。

2008 年 6 月，中共中央、国务院发布《关于全面推进集体林权制度改革的意见》，把基于福建经验提炼的"明晰产权、放活经营权、落实处置权、确保收益权"作为核心内容，福建林改做法上升为国家决策，迅速形成星火燎原之势。

党的十八大以来，习近平总书记亲自领导、亲自部署、亲自推动全面深化改革。他强调，研究、思考、确定全面深化改革的思路和重大举措，刻舟求剑不行，闭门造车不行，异想天开更不行，必须进行全面深入的调查研究。十年来，全面深化改革每一次重大决策部署，都建立在细致充分的调查研究基础上。为筹备党的十八届三中全会，2013 年 7 月，习近平总书记赴湖北考察调研，先后来到武汉、鄂州等地，深入港口、企业、乡村、社区，实地了解经济运行情况，听取基层干部群众对全面深化改革的意见和建议。7 月 23 日，习近平总书记在湖北省武汉市主持召开部分省市负责人座谈会，征求对全面深化改革的意见和建议。

座谈会上，习近平总书记明确提出全面深化改革要深入调查研究的六个方面重大问题：形成全国统一的市场体系、增强经济发展活力、提高宏观调控水平和政府效率效能、实现社会公平正义、提高党的领导水平和执政能力等。他强调，这些重大问题需要在深入调查研究的基础上作出回答，要结合实际、结合未来发展来进行解答，不断给出准确、科学的答案。

调研期间，习近平总书记从纷繁复杂的事物表象中把准改革脉搏，提出全面深化改革要把握好五大关系：处理好解放思想和实事求是的关系、整体推进和重点突破的关系、顶层设计和摸着石头过河的关系、胆子要大和步子要稳的关系、改革发展稳定的关系。

通过半年多的征求意见、专题讨论、调查研究和反复修改，《中共中央关于全面深化改革若干重大问题的决定》正式形成，并在党的全会上获得全票通过。

党的十八大以来，习近平总书记深入基层开展调查研究，尊重群众首创精神，在推动全面深化改革过程中把加强顶层设计和坚持问计于民统一起来，从生动鲜活的基层实践中汲取智慧。2013 年以来，中央深改委（组）在各领域部署开展了一系列重大改革试点，为顶层设计探索了一批可复制可推广经验。自由贸易试验区、国家监察体制改革试点、全面创新改革试点、司法体制改革试点等，一项项重大改革从易到难、从小到大、从外围到核心、从增量到存量积极稳妥推进。通过顶层设计与基层探索相结合，全面深化改革各项决策部署进展顺利，形成了一大批改革理论成果、制度成果、实践成果，主要领域改革主体框架基本确立。

通过调查研究发现问题、认识问题进而解决问题，要形成完整的工作闭环。在问题识别上，紧扣经济社会发展面临的突出矛盾，着眼于切实解决体制机制层面的突出问题。在制订方案上，坚持问题导向、目标导向，提出的措施要有针对性。在部署推动上，聚焦重要领域和关键环节，主要负责人挂帅出征，紧紧牵住改革发展稳定的"牛鼻子"，破解一系列关联性矛盾和问题。在督促落实上，强化督查考核，健全激励约束机制，确保政策举措落地见效。

十年来，以习近平同志为核心的党中央坚持在调查研究的基础上设计和推进改革，鼓励改革试点和基层首创精神，实现了改革从局部探索、破冰突围到系统集成、全面深化的转变，完成了一系列体制机制创新，开创了改革开放全新局面。全面深化改革气势如虹、取得实效，攻克了许多长期没有解决的难题，办成了许多事关长远的大事要事，推动党和国家各项事业取得历史性成就、发生历史性变革，彰显了中国特色社会主义的强大生机活力，为实现中华民族伟大复兴提供了更为完善的制度保证、更为坚实的物质基础、更为主动的精神力量。

每到国家重大决策和战略规划制定时，习近平总书记总是叮嘱，"要重视调查研究，坚持眼睛向下、脚步向下，了解基层群众所思、所想、所盼，使改革更接地气。"正确的道路从哪里来？从群众中来。2020年9月17日，习近平总书记在湖南长沙专门邀请基层代表座谈，听取大家对"十四五"规划编制的意见和建议。在重大规划政策出台前，征求基层一线代表意见，已经成为中国共产党科学决策机制的主要组成部分。为起草好"十四五"规划建议，2020年7月到9月，习近平总书记接连召开7场专题座谈会，听取方方面面意见。

走好网上群众路线，通过网络调查等多种方式开展调查研究，是全过程人民民主的生动体现。2020年8月16日至29日，"十四五"规划编制工作在网上征求意见，这是国家首次就五年规划编制进行"网络问策"，网上留言达100多万条。为筹备好党的二十大，根据习近平总书记指示精神，党的二十大相关工作网络征求意见活动于2022年4月15日至5月16日开展，在人民日报社、新华社、中央广播电视总台所属官网、新闻客户端以及"学习强国"学习平台分别开设专栏，听取全社会意见建议。活动得到广大人民群众广泛关注和参与，累计收到网民建言超过 854.2 万条，为党的二十大相关工作提供了有益参考。

"群众的实践是最丰富最生动的实践，群众中蕴藏着巨大的智慧和力量""要拜人民为师、向人民学习"……习近平总书记始终把人民放在心中最高的位置，强调"要尊重人民首创精神，甘当人民群众小学生"。群众的意见建议"沾泥土带露珠冒热气"，蕴含着丰富的智慧和无限的创造力，一条条饱含广大群众对美好生活向往的"金点子"被采纳进入顶层设计。

在《干在实处　走在前列——推进浙江新发展的思考与实践》一书的自序中，习近平同志写道，自己"坚持调研开局、调研开路，凡事眼睛向下，先当学生，不耻下问，问计于基层、问计于群众，每年至少用三分之一以上时间深入基层和部门调查研究"。从河北正定到中南海，习近平总书记关于调查研究的重要论述和亲身实践，是各级领导干部学习调查研究的最生动鲜活的教科书。要学习和践行习近平总书记关于调查研究的科学思想方法和工作方法，不断深化对党的创新理论的认识和把握，研究新情况、解决新问题、总结新经验、探索新规律，为更好完成新时代新征程的使命任务服务。

第七章

调查研究的"群众尺"

调查研究的过程，是党员领导干部践行根本宗旨、坚持群众观点、贯彻群众路线的过程，是问需于民、问意于民、问计于民、问心于民、问效于民的过程，是了解民情、汇聚民意、集中民智、紧贴民心、受民监督的过程。习近平总书记指出："在改进工作作风上，我很重视调查研究。开展调查研究就是走群众路线，没有调查就没有发言权，就没有决策权。对高级干部来说，能不能坚持群众观点？能不能接地气？要做到这一点，坚持调查研究是一种很重要的方式。"① 在强国建设、民族复兴的新征程上，党员领导干部要把调查研究作为走好群众路线的必修课，要识民情、接地气，真正把群众面临的问题发现出来，把群众的意见反映上来，把群众创造的经验总结出来，鼓励基层群众讲实话讲真话讲心里话，从群众的喜怒哀乐中检视我们的工作，不断为党和国家事业发展凝心聚力。

---

① 《习近平关于调查研究论述摘编》，党建读物出版社、中央文献出版社 2023 年版，第 54 页。

一、把群众面临的问题发现出来

调查研究的过程就是发现问题的过程。中国共产党人进行调查研究，从来不是为了调查而调查，而是始终为了发现问题、揭露问题、解决问题。毛泽东指出："什么叫问题？问题就是事物的矛盾。哪里有没有解决的矛盾，哪里就有问题。既有问题，你总得赞成一方面，反对另一方面，你就得把问题提出来。提出问题，首先就要对于问题即矛盾的两个基本方面加以大略的调查和研究，才能懂得矛盾的性质是什么，这就是发现问题的过程。"[①] 因此，调查研究必须坚持问题导向。问题是时代的声音，发现并指导解决问题是调查研究的根本任务。今天我们所面临问题的复杂程度、解决问题的艰巨程度明显加大，给调查研究提出了全新要求。我们要增强问题意识，聚焦实践遇到的新问题、改革发展稳定存在的深层次问题、人民群众急难愁盼问题、国际变局中的重大问题、党的建设面临的突出问题，不断提出真正解决问题的新理念新思路新办法。只要科学地认识、准确地把握、正确地解决这些问题，就能够把我们的社会不断推向前进。

坚持问题导向，是开展调查研究应该树立的正确态度。近日，中共中央办公厅印发的《关于在全党大兴调查研究的工作方案》明确规定，"必须坚持问题导向，增强问题意识，敢于正视问题、善于发现问题，以解决问题为根本目的，真正把情况摸清、把问题找准、把对策提实，

---

① 《毛泽东选集》第3卷，人民出版社1991年版，第839页。

不断提出真正解决问题的新思路新办法。"这就要求各级领导干部必须走进群众，了解群众的烦心事、操心事、揪心事，弄清老百姓生活中的热点、难点、痛点问题，反思自身工作中的差距、不足、欠缺。只有坚持问题导向，把群众面临的问题发现出来，才能把握实际、吃透情况，只有奔着问题去、向着难题攻，才能做到有的放矢、推进工作。抓工作一定要吃透情况，从事物的普遍联系特别是复杂的因果关系中把握问题的实质，抓住主要矛盾和矛盾的主要方面，然后针对矛盾和问题来推动工作。"致理之要，惟在于安民，安民之道，在察其疾苦而已。"党员领导干部要怀着强烈的爱民、忧民、为民、惠民之心，心里要始终装着父老乡亲，想问题、作决策、办事情都要想一想是不是站在人民立场上，是不是有助于解决群众的难题，是不是有利于增进人民福祉，不断增强人民群众获得感、幸福感、安全感。

习近平总书记指出："调查研究是一个联系群众、为民办事的过程。通过深入基层、深入实际、深入群众，我们可以了解群众在想什么、盼什么、最需要我们党委、政府干什么。从而，使我们的各项决策和工作部署，集中民智，体现民意，反映民情，做实一件事，赢得万人心，真正做到情为民所系，利为民所谋，权为民所用。"[1] 新时代新征程，党员领导干部要以人民群众利益为重、以人民群众期盼为念，真诚倾听群众呼声，真实反映群众愿望，真情关心群众疾苦，做到知民情、解民忧、纾民怨、暖民心，多干让人民满意的好事实事。为民的事没有小事。在调查调研中，习近平总书记一次又一次将目光

---

① 习近平：《干在实处　走在前列——推进浙江新发展的思考与实践》，中共中央党校出版社 2006 年版，第 534 页。

聚焦到群众的急难愁盼问题上。

2016 年 7 月 18 日，习近平总书记来到宁夏泾源县大湾乡杨岭村看望父老乡亲，走进村民马科家，听说安了太阳能热水器，总书记关心地问家里的小男孩："你常洗澡吗?"让总书记牵挂的，不只是缺水地区群众洗澡这样的民生小事。推进健康中国、平安中国、美丽中国建设，保护学生视力、提高养老院服务质量，加强食品安全监管、推进清洁取暖，推进"厕所革命"、垃圾分类……对于攸关民生福祉的大事小情，对于"人民群众普遍关注、反映强烈、反复出现的问题"，习近平总书记挂念在心，一项项列入中央重要议事日程，一次次成为改革的关注点、发力点，一点一滴成就着人民群众的美好生活。民之所忧，我必念之;民之所盼，我必行之。

当然，广大人民群众面临的问题和需要的帮助涉及方方面面，党员领导干部服务群众不能眉毛胡子一把抓。发现问题、找准问题，是解决问题的前提。要在群众所急、党政所需、自己所能的领域找准着力点，扬长避短、形成特色、发挥优势。要深入群众，用自己的眼睛看最真实的情况，用自己的耳朵听最真实的声音，把准群众需求的脉搏，实实在在搞好服务。

如何发现群众面临的问题? 这就得问需于民，就是要深入群众，深入基层，善于与工人、农民、知识分子和社会各界人士交朋友，到田间、厂矿、群众和社会各层面中去发现和解决问题。这是习近平总书记强调的调查研究要在求"深"上下功夫①。真实的情况、

---

① 习近平:《之江新语》，浙江人民出版社 2007 年版，第 1 页。

深层次的问题，往往被表象所掩盖，只有"扎"下去，才能"捞"上来。深入一线、掌握一手材料，也始终是习近平总书记开展调查研究的一大特点。他在福建宁德任地委书记时，到任3个月就走遍9个县，后来去了"车岭车上天，九岭爬九年"的下党乡，成为第一个到那里的地委书记。他说："当县委书记一定要跑遍所有的村，当市委书记一定要跑遍所有的乡镇，当省委书记一定要跑遍所有的县市区。"①

习近平总书记很注重在调查研究中听取民声、了解民情。1982年，他刚到河北正定工作，就骑着自行车走村串户了解情况。全县第一个粮食亩产过千斤的三角村，是他调研的首站。习近平同志没想到，当地百姓说得最多的竟是"粮食不够吃"："一年干下来，从年头吃不到年尾""谁家不够吃了，就偷着去邻县的村里换红薯干吃""你瞧，这准是去换红薯干的"……那时，正定每年粮食征购任务高达7600万斤，剩下的口粮远不够老百姓填饱肚子。"我们正定宁可不要'全国高产县'这个桂冠，也要让群众过上好日子。"为减少粮食征购，习近平同志顶住压力，跑省进京，反映实际情况。很快，中央与省、地两级相关部门组成调查组，到正定摸清了底数，把粮食征购任务核减到4800万斤，减幅达36.8%，大大减轻了农民负担。

无论是主政地方，还是任职中央，习近平总书记一以贯之的工作方法都是以调查研究开局，通过调查研究发现群众生活和社会发展

---

① 《习近平谈治国理政》，外文出版社2014年版，第440页。

所面临的问题，从而提出有针对性的思路办法和总体性的方针政策。2012年12月，凛冽寒冬，党的十八大闭幕不久，习近平总书记冒着零下十几摄氏度的严寒，驱车300多公里，来到地处太行山深处的河北阜平县，进村入户看真贫，了解问题所在。如何啃下深度贫困这块硬骨头，打好脱贫攻坚战？从提出"突出重点、加强对特困村和特困户的帮扶"的"精准扶贫"理念，到要求"把扶贫开发、现代农业发展、美丽乡村建设有机结合起来"，再到强调"把'两不愁三保障'各项措施落实到村、到户、到人"……习近平总书记坚持访真贫、问真苦，先后7次主持召开中央扶贫工作座谈会，50多次调研扶贫工作，走遍14个集中连片特困地区，作出一系列重要部署。

后来，在一次会议上，习近平总书记回忆道："年年去、常常去，直接到贫困户看真贫、扶真贫，直接听取贫困地区干部群众意见，不断完善扶贫思路和扶贫举措，不断推进工作，带着感情去抓，带着践行宗旨的承诺去抓，最终在全党全国共同努力下打赢了脱贫攻坚战，贫困地区广大群众高兴了，老一辈革命家在九泉之下也会感到安慰。"① 可以说，正是因为找准了导致深度贫困的问题所在，采取有针对性的脱贫攻坚举措，我们才如期打赢了脱贫攻坚战，创造了减贫治理的中国样本。实践证明，只有通过深入的调查研究，才能发现群众面临的真正问题，才能摸清情况、找到症结，进而形成解决问题、促进工作的思路办法和政策举措。

---

① 《习近平关于调查研究论述摘编》，党建读物出版社、中央文献出版社2023年版，第13页。

二、把群众的意见反映上来

调查研究的过程就是反映民意的过程。正确的决策，绝对不是一个人或一堆人，不作调查研究，坐在房子里苦思冥想就能产生的。在对重大问题进行决策之前，一定要开展可行性研究，多听取群众意见，综合评判，科学取舍，唯其如此，才能使作出的决策符合实际的情况。提高决策的科学性，很重要的一条就是要广泛听取群众意见和建议，及时总结群众创造的新鲜经验，充分调动群众推动改革的积极性、主动性、创造性，把最广大人民智慧和力量凝聚到改革上来，同人民一道把改革推向前进。这就要求党员领导干部想问题、作决策、办事情都要站在群众的立场上，通过各种途径了解群众的意见和要求、批评和建议，真抓实干解民忧、纾民怨、暖民心，让人民群众的获得感、幸福感、安全感更加充实、更有保障、更可持续。

注重听取群众的意见，是中国共产党历来的优良传统和作风。毛泽东强调："我们要把窗户打开，让空气流通，听听消息，听听舆论，有缺点有错误的改正一下。"[①] 邓小平指出："必须有系统地改善各级领导机关的工作方法，使领导工作人员有足够的时间深入群众，善于运用典型调查的方法，研究群众的情况、经验和意见，而不是像现在这样，把绝大部分时间用在坐办公室、处理文件、在领导机关内部开会上面。"[②] 陈云特别强调，共产党员要养成耐心听取不同意见尤其是

---

① 《毛泽东文集》第 3 卷，人民出版社 1996 年版，第 344 页。
② 《邓小平文选》第 1 卷，人民出版社 1994 年版，第 223 页。

反面意见的良好习惯，"在干部中间多注意听反面的意见，这是调查研究的一种重要方法。凡是提出一种意见的人，他总是看到了一点东西。即使是错误的意见也不要怕，有错误的意见，可能使正确的意见更加正确。……驳倒错误的过程，也就是生长正确的过程。如果对方提出的不同意见是正确的，那就可以吸收进来，使正确的意见更加完备。采用这种方法，在许多场合都可以进行调查研究。这可以作为调查研究的一种辅助方法。"①

党的十八大以来，以习近平同志为核心的党中央制定各项决策都严格执行民主集中制，都注重充分发扬党内民主，都是经过深入调查研究、广泛听取各方面意见、进行反复讨论而形成的。要把我们这样一个大党大国治理好，就要掌握方方面面的情况，这就要靠发扬党内民主而来，靠各级党组织和广大党员、干部广泛听取民声、汇聚民意而来。习近平总书记强调："搞好调查研究，一定要从群众中来、到群众中去，广泛听取群众意见。"② 这里的"广泛"是指，在调查研究时，近的远的都要去，好的差的都要看，干部群众表扬和批评都要听，既到工作局面好和先进的地方去总结经验，又到群众意见多的地方去，到工作做得差的地方去，到困难较多、情况复杂、矛盾尖锐的地方去了解民意，既要了解群众盼什么，也要了解群众怨什么，既要听群众的顺耳话，也要听群众的逆耳言，既要让群众反映情况，也要请群众提出意见，唯其如此，才能真正把情况摸实摸透，才能听到实话、察到实情、获得真知、收到实效。

---

① 《陈云文集》第 3 卷，中央文献出版社 2005 年版，第 328 页。
② 《习近平党校十九讲》，中共中央党校出版社 2015 年版，第 260 页。

他多次强调要用好"交换、比较、反复"的方法，要求重视听取各方面意见包括少数人的意见、反对的意见，立体式地进行分析、三思而后行，防止自以为是、一得自矜。他指出，兼听则明、偏听则暗，能听到不同声音不是坏事，经过多次"否定之否定"的过程，进行的思考、作出的决策才能符合实际。这就是习近平总书记强调的调查研究要在求"细"上下功夫。所谓求"细"，就是要认真听取各方面的意见，既听取干部汇报，又听取群众反映，既听取正面意见，又听取反面意见，深入分析问题，掌握全面情况。调查研究是一项细致的工作，要看得仔细、问出究竟，把事情真相和全貌调查清楚。

把群众的意见反映上来，既要用好"开调查会"这类"老办法"，又要充分运用互联网、大数据等"新工具"。一方面，"开调查会"是我们党开展调查研究的重要"传家宝"。毛泽东曾说："开调查会，是最简单易行又最忠实可靠的方法，我用这个方法得了很大的益处，这是比较什么大学还要高明的学校。"① 毛泽东1930年在寻乌县调查时，直接与各界群众开调查会，掌握了大量第一手材料，诸如该县各类物产的产量、价格，县城各业人员数量、比例，各商铺经营品种、收入，各地农民分了多少土地、收入怎样，各类人群的政治态度，等等，都弄得一清二楚。这种深入、唯实的作风值得我们学习。

习近平总书记在新时代治国理政过程中尤为重视运用开调查会这一老办法，无论是"十四五"规划的制定，还是党的二十大报告的起草，都充分听取广大基层群众的意见，把调查研究贯穿于决策的全过

---

① 《毛泽东选集》第3卷，人民出版社1991年版，第790页。

程，真正成为决策的必经程序，从而确保了决策的科学化水平。2020年9月17日，习近平总书记在湖南长沙主持召开基层代表座谈会，就"十四五"时期经济社会发展问计于民。农民工、快递员、乡村教师、餐馆店主、货车司机等都被请进会场。会上，习近平总书记的一席话饱含深情、意味深远："大家都处在改革发展和生产一线，参与经济社会生活最直接，同群众联系最经常，对党的路线方针政策落地见效感知最真切，提出的意见和建议能够更加贴近基层实际、反映群众心声。"①

党的二十大报告起草伊始，习近平总书记就明确强调，在起草工作中要充分发扬民主，加强调查研究，广泛听取意见，集中起各方面智慧。2022年2月，习近平总书记对党的二十大相关工作网络征求意见活动作出重要指示；6月至8月，总书记先后在成都、沈阳、北京主持召开五场党的二十大报告起草和党章修改工作征求意见座谈会；8月，总书记当面听取各民主党派、全国工商联和无党派人士对党的二十大报告征求意见稿的意见……全党意志、人民意愿，凝聚于党的二十大报告。习近平总书记强调，党的十八大以来，党中央各项决策都严格执行民主集中制，都注重充分发扬党内民主，都是经过深入调查研究、广泛听取各方面意见、进行反复讨论而形成的。

另一方面，随着互联网的蓬勃发展和日渐普及，网络成为社情民意的重要表达渠道，为进一步拓展调研渠道、丰富调研手段、创新调研方式提供了可能。互联网是做好新时代调查研究的重要阵地，也是

---

① 《习近平谈治国理政》第4卷，外文出版社2022年版，第58页。

重要手段。大量群众特别是青年喜欢通过网络获取信息、发表意见。领导干部要学网、懂网、用网，经常上网看看，了解群众所思所愿，收集好想法好建议。充分发挥网络传播互动、体验、分享的优势，通过互联网等各种渠道听民意、惠民生、解民忧，是调查研究的新形式。古人说："知屋漏者在宇下，知政失者在草野。"很多网民称自己为"草根"，网络就是现在的一个"草野"。各级党政机关和领导干部要学会通过网络走群众路线，经常上网看看，潜潜水、聊聊天、发发声，了解群众所思所愿，收集好想法好建议，积极回应网民关切、解疑释惑。

善于运用互联网和大数据等现代信息技术了解民意、开展工作，是新形势下领导干部做好调查研究的基本功。各级干部特别是领导干部一定要不断提高这项本领。网民大多数是普通群众，来自四面八方，各自经历不同，观点和想法肯定是五花八门的，不能要求他们对所有问题都看得那么准、说得那么对。要多一些包容和耐心，对建设性意见要及时吸纳，对困难要及时帮助，对不了解情况的要及时宣介，对模糊认识要及时廓清，对怨气怨言要及时化解，对错误看法要及时引导和纠正，让互联网成为汇聚民意、与民沟通的新平台，成为了解群众、贴近群众、为群众排忧解难的新途径，成为发扬人民民主、接受人民监督的新渠道。

党的十九届五中全会召开前夕，一场史无前例的网上意见征求活动引起广泛关注。2020 年 8 月 16 日至 29 日，"十四五"规划编制工作开展网上意见征求。这是我国五年规划编制史上，第一次通过互联网向全社会征求意见和建议。许多网友踊跃参与，留言 100 多万条，有关方面从中整理出 1000 多条建议。时代在发展，调查研究方法也要与时俱进。习近平总书记指出："网民来自老百姓，老百姓上了网，民意也就上了网。群众在哪儿，我们的领导干部就要到哪儿去，不然怎么联系群众呢?"[①] 坚持走好网上群众路线，正一步步转化为新时代调查研究的生动实践。

群众的眼睛是雪亮的，群众的意见是我们最好的镜子。广大党员、干部要注意把各方面新情况新问题新期待，特别是贯彻落实党的路线方针政策的意见和建议、社会各方面关注的热点焦点问题收集起来，通过合适的渠道反映上来，多建睿智之言，多献务实之策，为党中央决策提供有益的参考和依据。与此同时，在这个过程中，我们要注意坚持原则，既不能忽视甚至压制群众意见和呼声，也不能迎合群众中的不良情绪。

三、把群众创造的经验总结出来

调查研究不仅是发现问题、反映民意的过程，而且是解决问题、总结经验的过程。调查研究不仅要认识世界，而且要改造世界，不仅要倾听群众的呼声，感受他们的疾苦，而且要总结他们的经验，吸取他们的智慧。当前，我国发展面临新的战略机遇、新的战略任务、新的战略阶段、新的战略要求、新的战略环境，世界百年未有之大变局

---

① 《习近平谈治国理政》第 2 卷，外文出版社 2017 年版，第 336 页。

加速演进，不确定、难预料因素增多，国内改革发展稳定面临不少深层次矛盾，躲不开、绕不过，各种风险挑战、困难问题比以往更加严峻复杂，迫切需要通过调查研究把握事物的本质和规律，找到破解难题的办法和路径。这就要求各级领导干部通过深入细致的调查研究，认真总结群众创造的新经验，努力探索各行各业带有规律性的东西，积极提供相应的对策，使调查研究同中心工作和决策需要紧密结合起来。唯其如此，才能获得在办公室难以听到、不易看到和意想不到的新情况、新经验，才能找出解决问题的新视角、新思路和新对策，才能更好地为各级党委和政府科学决策服务，为提高党的执政能力和领导水平服务，为完成新时代新征程的使命任务服务。

百余年来，我们党不断发展壮大，很重要的一点就是始终把群众经验作为智慧和力量的源泉，始终把政治智慧的增长、执政本领的增强深深扎根于人民的创造性实践中。我们不少党员领导干部开始并不是学经济、学技术的，但有些干部很快就成为某一方面的行家里手，就是因为他们善于调查研究、善于总结经验、善于抓住规律。毛泽东指出："我的经验历来如此，凡是忧愁没有办法的时候，就去调查研究，一经调查研究，办法就出来了，问题就解决了。……正确的策略只能从实践经验中产生，只能来源于调查研究。"[①]"在总路线指导之下，制定一整套的具体的方针、政策和办法，必须通过从群众中来的方法，通过作系统的周密的调查研究的方法，对工作中的成功经验和失败经验，作历史的考察，才能找出客观事物所固有的而不是人们主

---

① 《毛泽东文集》第 8 卷，人民出版社 1999 年版，第 261—262 页。

观臆造的规律，才能制定适合情况的各种条例。"① 邓小平强调："一个党和它的党员，只有认真地总结群众的经验，集中群众的智慧，才能指出正确的方向，领导群众前进。我们不是尾巴主义者，当然懂得，群众的意见一定不会都是正确的和成熟的。我们所谓总结和集中，并不是群众意见的简单堆积，这里必须要有整理、分析、批判和概括；但是，离开群众经验和群众意见的调查研究，那末，任何天才的领导者也不可能进行正确的领导。整理、分析、批判和概括也是会犯错误的，但是不断地同群众商量，不断地研究群众的实践，这就使党有可能少犯错误，并且及时地发现和纠正错误，而不致使得错误发展到严重的地步。"②

习近平总书记十分注重挖掘人民群众中蕴含的丰富智慧和无限创造力，善于把广大基层群众组织起来、动员起来、凝聚起来，充分激发人民群众的积极性、主动性、创造性，这也是新时代 10 年党和国家之所以实现伟大变革的重要原因。他强调，"要善于解剖典型，总结经验教训，该倡导的倡导，该推广的推广，该制止的制止，该纠正的纠正。"③ 凡事眼睛向下，先当学生，不耻下问，问计于基层、问计于群众，这是习近平总书记从地方到中央一以贯之的做法。比如，1999 年，福建省南平市向农村选派科技特派员，探索创新农村工作机制，取得很好效果。2002 年，时任福建省省长习近平同志深入顺

---

② 《毛泽东文集》第 8 卷，人民出版社 1999 年版，第 305 页。

① 《邓小平文选》第 1 卷，人民出版社 1994 年版，第 218—219 页。

② 《习近平关于调查研究论述摘编》，党建读物出版社、中央文献出版社 2023 年版，第 114 页。

昌县、光泽县、延平区等地调研,对依靠科技力量解决"三农"问题作出了系统总结,科技特派员制度开始在福建省全面推行。再比如,习近平总书记还曾提到焦裕禄的故事。焦裕禄同志在兰考的 475 天中,靠一辆自行车和一双铁脚板,对全县 149 个生产大队中的 120 多个进行了走访和蹲点调研,面对面向群众请教、同群众商量。正是这种深入的调查研究,使他在较短时间内基本掌握了内涝、风沙、盐碱的规律,实施了治理"三害"的正确决策。

如何总结群众创造的经验呢?关键是调查后要善于研究,抓点时要善于管窥全豹,跑面中要能够见微知著,综合提炼。这就意味着,调查研究的过程,必须是去粗取精、去伪存真、由此及彼、由表及里的精心分析和深入研究的过程,要能够抓住事物的本质和症结所在,反映事物的全貌和特征,找到解决问题的有效办法和途径,切忌浮光掠影,主观臆断。从个体情况中找到一般规律,从而作出正确决策,这种辩证思维是习近平调查研究方法论的一个显著特征。他指出:"要加强调查研究,坚持发展地而不是静止地、全面地而不是片面地、系统地而不是零散地、普遍联系地而不是单一孤立地观察事物,准确把握客观实际,真正掌握规律,妥善处理各种重大关系。"①

扶贫开发贵在精准,重在精准,成败之举在于精准。习近平总书记强调,精准扶贫,关键的关键是要把扶贫对象摸清搞准,把家底盘清,这是前提。心中有数,才能工作有方。有什么好办法能精准识别出贫困户呢? 2015 年 6 月 18 日,在部分省区市扶贫攻坚与"十三五"

---

① 习近平:《辩证唯物主义是中国共产党人的世界观和方法论》,《求是》2019 年第 1 期。

时期经济社会发展座谈会上，习近平总书记谈到精确识别"四看法"：一看房、二看粮、三看劳动力强不强、四看家中有没有读书郎。这套精准扶贫"四看法"，是贵州省威宁县迤那镇在实践中摸索出来的，符合实际、形象直观、便于操作，是对群众创造经验的准确总结。所谓"一看房"，就是通过看农户的居住条件和生活环境，估算其贫困程度；"二看粮"，就是通过看农户的土地情况和生活条件，估算其农业收入和食品支出；"三看劳动力强不强"，就是通过看农户的劳动力状况和有无病残人口，估算其务工收入和医疗支出；"四看家中有没有读书郎"，就是通过看农户受教育程度和在校生状况等，估算其发展潜力和教育支出。习近平总书记对这一源自群众实践的经验总结给予了高度肯定："'四看法'实际效果好，在实践中管用，是一个创造，可以在实践中不断完善。"①"四看法"的实施，不仅激发了干部群众脱贫致富的内生动力，形成了同心攻坚的有效保障，闯出了一条喀斯特地区精准扶贫的新路子，探索出了扶贫开发的"迤那经验"，而且，还吸引了全国各地的扶贫干部实地考察学习，被推而广之。宁夏回族自治区在"四看"的基础上"升级"出"五看"："一看房，二看种植和牛羊，三看劳动力强不强，四看儿女上学堂，五看信用良不良。"通过入户查看，对照"五看"识别打分，所得分值越高的农户，其贫困程度越深。谁贫困，谁不贫困，通过"五看"的得分就可以精准衡量。"四看"也好，"五看"也罢，都是在调查研究中对群众创造的经验的总结，在脱贫攻坚中起到了很好的效果，发挥了很大的作用。

---

① 《习近平扶贫论述摘编》，中央文献出版社 2018 年版，第 59 页。

　　基层是好课堂，群众是好老师。习近平总书记说，好措施、好办法哪里来？答案是从群众中来。人民群众在创造性实践中获得的"真知识"、总结的"金点子"、闯出的"新路子"，往往能为解决共性的、一般的、普遍的问题提供有益的启示。事实证明，坐在办公室碰到的都是问题，深入基层看到的全是办法。正所谓高手在民间，坚持问计于民，在调查研究中总结群众经验，是推动全面深化改革的重要动力。

四、鼓励基层群众讲实话
讲真话讲心里话

　　调查研究的过程就是紧贴民心的过程。在党的群众路线教育实践活动总结大会上，习近平总书记指出："群众的很多想法，往往不是在那些很正式的场合、当着很多人的面会讲出来的，而是要同他们身挨身坐、心贴心聊才能听得到。"① 这就要求党员领导干部在调查研究中要增进同人民群众的感情，多沉下身子，放下架子，虚怀若谷，广泛听取各方面意见，让大家畅所欲言，客观真实地给自己"画画像"、打打分，找准改进提高参照系，要走近群众，多向群众请教，拜人民为师，甘当小学生，特别是要多交几个能说心里话的基层朋友。这样才有利于了解真实情况，才有利于把工作做好。这就是习近平总书记

---

① 《习近平关于调查研究论述摘编》，党建读物出版社、中央文献出版社 2023 年版，第 59 页。

讲的调查研究要在求"实"上下功夫，就是要真正做到听实话、摸实情、办实事。

在调查研究过程中，怎样才能使老百姓讲实话讲真话讲心里话呢？不同的个人特点不同，秉性各异，因此，要采取的方法也不尽相同。"但是，主要的一点是要和群众做朋友，而不是去做侦探，使人家讨厌。群众不讲真话，是因为他们不知道你的来意究竟是否于他们有利。要在谈话过程中和做朋友的过程中，给他们一些时间摸索你的心，逐渐地让他们能够了解你的真意，把你当做好朋友看，然后才能调查出真情况来。群众不讲真话，不怪群众，只怪自己。"① 只有同群众打成一片，"问问家长里短事，听听鸡毛蒜皮言"，同群众一起讨论大家关心的问题，让他们信得过你，才能用真心换来真话，用真情赢来交情。否则，即便谈了半天，还是会受骗，甚至被蒙蔽，严重影响调查研究的效果。

迈进群众的门槛容易，走进群众的心坎不易。习近平总书记调研时总是鼓励基层群众讲真话讲实话讲心里话，他经常讲，"各级干部都是人民的勤务员，我们来调研就是希望大家开门见山、一吐为快，这有利于我们听真话、接地气。"② 如今，交通工具越来越发达，可以千里边关一日还、一日看尽长安花，但不能走马观花、蜻蜓点水、浮光掠影。这就要求各级领导干部拆除"心"的围墙，不仅要"身入"，更要"心入""情入"。

---

① 《毛泽东文集》第 2 卷，人民出版社 1993 年版，第 383 页。

② 《习近平关于调查研究论述摘编》，党建读物出版社、中央文献出版社 2023 年版，第 63 页。

如何做到在调查研究中与群众心贴心呢？第一，要厚植人民情怀，改进工作作风。脚下沾有多少泥土，心中就沉淀多少真情。做好调查研究，考验的是工作作风，厚植的是人民情怀。当前，党员干部获取信息的渠道多了，但与群众面对面坦诚交流不能少，在实践中点对点、实打实查摆问题不能少。增进同人民群众的感情，力戒形式主义、官僚主义，把办公桌搬到基层社区，将议事会开到老乡家门口，方能及时掌握社情民意，架起干部群众连心桥，从而把调研结果转化为务实举措，把党的正确主张变为群众的自觉行动。习近平总书记强调，"要进一步营造和保持讲真话、讲实话、讲心里话的良好氛围，鼓励如实反映情况和提出不同意见。"①

第二，调查研究不能"腿动心不动"，"身"到更要"心"到。上世纪 80 年代，在福建宁德任地委书记时，习近平同志去屏南调研。当地老百姓端上一碗招待贵客的艾叶蛋给他：艾草熬出的汤汁，冲进打散的生鸡蛋里，再加些白糖搅拌。工作人员担心他喝不惯，连忙阻止。习近平同志摆摆手说："要是不喝，老百姓就觉得你是官，你和老百姓就有距离了。"只有同老百姓拉近了距离、增进了感情，才能听到真话、察到实情。

第三，坚持和完善领导干部的联系点制度。习近平总书记强调，"到联系点调查研究，要真心实意地交朋友、拉家常，通过面对面交流，直接了解基层干部群众的所想、所急、所盼。"② 这是防止领导干部脱离群众的重要手段，也是发现和解决问题的有效途径。从我做

---

① 《习近平党校十九讲》，中共中央党校出版社 2015 年版，第 261 页。
② 《习近平党校十九讲》，中共中央党校出版社 2015 年版，第 264 页。

起、率先垂范，是习近平总书记鲜明的工作风格。党的十八大以来，在第二批党的群众路线教育实践活动中，根据党中央统一安排，中央政治局常委同志各选择一个县作为联系点，习近平总书记选择了河南兰考作为自己的联系点。2014 年 3 月和 5 月两次来到兰考，出席兰考县委常委扩大会议，参加并指导县委常委班子专题民主生活会，身入又心到，将调查研究真正落到实处。

只有你把群众放在心上，群众才会把你放在心上，这才是真正的心贴心。只有"身入"基层，"心到"基层，情牵基层，老百姓才会讲真话、讲实话、讲心里话，我们才能真正做到察实情、出实招、求实效。

五、从群众的喜怒哀乐中
检视我们的工作

调查研究的成效最终要体现在问题的解决上，要从群众的喜怒哀乐中检视我们的工作。习近平总书记强调，调查研究要在求"效"上下功夫，所谓求"效"，就是提出解决问题的办法要切实可行，制定的政策措施要有较强操作性，做到出实招，见实效。开展调查研究，根本目的是解决问题，要把解决了多少问题、人民群众对问题解决的满意度作为调研成效的标准。习近平总书记要求，对经过充分研究、比较成熟的调研成果，要及时上升为决策部署，转化为具体措施；对尚未研究透彻的调研成果，要更深入地听取意见，完善后再付诸实施；对已经形成举措、落实落地的，要及时跟踪评估，视情况调整优化。

大兴调查研究，绝不是为调研而调研，而是要真正解决问题。近日，中共中央办公厅印发《关于在全党大兴调查研究的工作方案》，要求"扑下身子干实事、谋实招、求实效""直奔问题去，实行问题大梳理、难题大排查，着力打通贯彻执行中的堵点淤点难点"。这就需要把解决问题的思路和对策研究透彻，提出切实可行的具体措施，不断把"问题清单"转化为"成效清单"。调查研究的一个重要任务，就是了解党和政府作出的决策部署，提出的任务和措施是否落实到位，社会和群众的反应如何，取得了哪些实际效果，还存在什么问题，在执行决策部署中又产生了什么新情况新问题，是否需要加以完善，以更好解决问题。习近平总书记指出，在调查研究中要注意"抓整改落实到位，对症下药，该完善的体制机制要完善起来，该堵塞的漏洞要堵塞好，该批评的要认真批评，该处理的要严肃处理。要以解决实际问题的成效为衡量标准，发现问题立行立改，不能拖延，不能虚与应付"①。

人民群众的社会实践是获得正确认识的源泉，也是检验和深化我们认识的根本所在。习近平调研有个特点，凡是他安排过的事情，都要亲自检查落实，对调研课题完成情况、问题解决情况进行回访督查和跟踪问效。比如，在福建工作期间，治理"餐桌污染"、推进机关效能建设等，他都定期跟踪检查落实情况。2015 年 6 月，习近平总

---

① 《习近平关于调查研究论述摘编》，党建读物出版社、中央文献出版社 2023 年版，第 93 页。

书记在贵州考察时指出："党中央的政策好不好，要看乡亲们是笑还是哭。如果乡亲们笑，这就是好政策，要坚持；如果有人哭，说明政策还要完善和调整。"由此可见，群众的喜怒哀乐直接反映了我们工作的成效。

总之，调查研究贵在取得实效，就是要狠抓落实、以实践结果评价实际效果，现场能解决的问题当即解决，不好解决的拿回来研究解决，既给出务实管用的解决方案，又加强督促检查、开展跟踪问效。明确目标方法，立行立改、马上就办，紧盯不放、一抓到底，真正做到问题不解决不松劲、解决不彻底不放手，方能扎实做好调研的"后半篇"文章。只有拿出符合实际、可行性强的对策，真正实现调以务实，研以致用，同时根据群众意见不断提高服务水平，才能让调查研究的成果更好破解难题、推动工作、服务人民，才能用实际行动扎实推进中国式现代化。

第八章

调查研究的"十禁忌"

习近平同志多次在讲话中，对不重视调查研究、不善于调查研究以及调查研究中的不正之风作出精辟概括，并谆谆告诫我们，调查研究千万不能搞形式主义，不能搞浮光掠影、人到心不到的"蜻蜓点水式"调研，不能搞做指示多、虚心求教少的"钦差式"调研，不能搞调研自主性差、丧失主动权的"被调研"，不能搞到工作成绩突出的地方调研多、到情况复杂和矛盾突出的地方调研少的"嫌贫爱富"式调研……① 这些调研中的形式主义、官僚主义歪风，严重影响决策的科学性，妨碍党的路线方针政策的贯彻执行，也损害领导机关、领导干部的形象。领导干部一定要切实引以为戒，准确认识并自觉摒弃调查研究中的"异化"现象和不正之风。

一、切忌"钦差式"调研

搞好调研，决策才能更科学，不走冤枉路。但在实际工作中，一些领导干部把本该深入群众接地气的调研，变成了高高在上的"钦差

---

① 《习近平关于调查研究论述摘编》，党建读物出版社、中央文献出版社2023年版，第78页。

巡视"，出门调研前就兴师动众，层层打招呼，要求下级做好各种准备和安排，在下级簇拥下，走样板路，入样板户，打官腔，说官话。有同志为这种类型的领导调研画像："坐着轿车转一转，隔着玻璃看一看，下了车就指指点点"，如此调研怪象，备受基层干部群众诟病。

"钦差式"调研，特点是戴着官帽，摆着架子，求教变指导，缺乏"入山问樵，入水问渔"的求知精神。正如毛泽东同志在《〈农村调查〉的序言和跋》中所说："有许多人，'下车伊始'，就哇喇哇喇地发议论，提意见，这也批评，那也指责，其实这种人十个有十个要失败。因为这种议论或批评，没有经过周密调查，不过是无知妄说。"① 因此，毛泽东同志告诫领导干部："决不可当钦差大臣，决不可摆架子，不可以老爷式的，不可以先入为主，自以为是，用事先订好的什么'调子'或'框框'去限制被调查的人或者束缚自己。"

"钦差式"调研，究其根源在于一些干部心灵深处仍然隐藏着浓烈的官僚主义思想，他们时时想着自己是官、处处显示着自己是百姓的管理者，内心深处从不认为自己是公仆、是人民的勤务员。这些干部下基层调研不是为了解决问题，而是为了应付上级或显示权威。这种"钦差式"调研，身子下去了，但身段下不去。他们把深入基层当成"俯瞰"基层，把虚心求教变成"指导""指示"，把倾听基层心声变成听取"汇报""总结"。这种调研，不是为了摸清真实情况，倒像是去显示领导派头。调研时前呼后拥、大摆阵仗，面对基层干部群众，带着官气、端着架子，感觉自己什么都懂，走到哪儿都是颐指气

---

① 中共中央文献研究室编：《毛泽东周恩来刘少奇朱德邓小平陈云论调查研究》，中央文献出版社 2006 年版，第 6 页。

使。这样的干部既不是人民需要的，也不是党需要的。

针对这样的调研，习近平同志明确提出：调查研究千万不能搞形式主义，不能搞做指示多、虚心求教少的"钦差式"调研，而是要拜人民为师、向人民学习，放下架子、扑下身子，接地气、通下情，既到工作局面好和先进的地方去总结经验，又到群众意见多的地方去，到工作做得差的地方去，到困难较多、情况复杂、矛盾尖锐的地方去调查研究，真正把功夫下到察实情、出实招、办实事、求实效上。在放下架子、扑下身子调研方面，习近平同志是最好的示范。1984 年身为正定县委书记的习近平同志给县四大班子领导成员的信中写道：到基层调查，要一下到底，亲自摸情况，直接听反映，寻求"源头活水"。① 1985 年，初到厦门任职的习近平同志，首先做的也是沉下心来展开调研，他要离这座城市近一点，再近一点。他说：我们一切工作，都要落实到基层。基层是第一线，也是前线，也是火线。在调研过程中，他和普通老百姓一样，丝毫没有架子，一坐下来，就把烟递过去，沟通一下感情，然后才进入正题。厦门的夏天比较闷热，群众看他工作辛苦，给他切一个西瓜，他也不管周围苍蝇围着嗡嗡飞，接过来就吃。②

避免"钦差式"调研，首先要摆正调研姿态。调研者如果摆出"官架子"，明里暗里透着尊贵、权威、指导"范儿"，被调研单位必投其

---

① 参见本书编写组：《让群众过上好日子——习近平正定足迹》，人民出版社、河北人民出版社 2022 年版，第 172 页。

② 参见本书编写组：《闽山闽水物华新——习近平福建足迹》（上），人民出版社、福建人民出版社 2022 年版，第 190 页。

所好，按"官"道伺候。叫来各条块负责人排排坐，一板一眼轮流汇报，最后请领导总结指示，调研就此结束。习近平同志指出："人民是我们党的工作的最高裁决者和最终评判者。如果自诩高明、脱离了人民，或者凌驾于人民之上，就必将被人民所抛弃。"没有眼睛向下的兴趣和决心，是一辈子也不会真正懂得中国的事情的。领导干部搞好调查研究，就要摆正姿态，打掉官气，真正把自己当成取经者、受教者，改进调研作风，不断提高调查研究能力。

避免"钦差式"调研，要打开"话匣"更要打开"心墙"。领导干部在调研时不能自视为"钦差大臣"，也不能做"旁观者""局外人"。要丢掉心中的"官帽子"，贴近群众"心窝"，体察群众"脉搏"。深入田间地头、街头巷尾、房前屋后，坐下身来与群众交流、静下心来听群众讲话，主动与群众交朋友、谈感情，耐住性子。甘当"小学生"，积极拜人民为师，向人民学习，接地气、通下情，开展深入细致的调查研究，真正做到"以心换心"。

避免"钦差式"调研，要坚持先调研后决策。习近平同志指出，"谋于前才可不惑于后"，提倡"做县委书记，一定要把下辖的村走完；做市委书记，一定要把乡镇走完；做省委书记，一定要把县走完"。[①] 领导干部进行调查研究，要放下架子、扑下身子，深入田间地头和厂矿车间，同群众一起讨论问题，倾听他们的呼声，体察他们的情绪，感受他们的疾苦，总结他们的经验，吸取他们的智慧。既要听群众的顺耳话，也要听群众的逆耳言；既要让群众反映情况，也要请群众提

---

① 本书编写组：《闽山闽水物华新——习近平福建足迹》（上），人民出版社、福建人民出版社 2022 年版，第 9 页。

出意见。尤其是对群众最盼、最急、最忧、最怨的问题更要主动调研，抓住不放。这样才能真正听到实话、察到实情、获得真知、收到实效。

在全党上下"大兴调查研究之风"之际，领导干部理当调正姿态、端正态度、掌握方法，一方面要放下架子、扑下身子，接地气、通下情；另一方面，要甘当群众的学生，问政于民、问计于民。唯有那些善于发现问题、真正研究问题、着力解决问题的真调研，才能"调"有所得、"研"有所获，也才能经得起实践检验，被广大人民群众所认可。

二、切忌"作秀式"调研

调查研究是干好工作的基础，是政策制定的依据，来不得半点虚假。2019 年，习近平总书记在"不忘初心、牢记使命"主题教育工作会议上强调，要防止为调研而调研，防止搞"出发一车子、开会一屋子、发言念稿子"式的调研，防止扎堆调研、"作秀式"调研。

顾名思义，作秀式调研就是有些领导干部打着调研的旗号，不做准备、不带问题，一阵风来，一溜烟去，把调研"现场"当"秀场"。在调查研究过程中，走过场、重摆拍，坐着小车转、隔着玻璃看、会议室里谈，双手不沾泥、双脚不着地，看似轰轰烈烈，实则走马观花、看过就算，徒增基层麻烦。即使走到百姓家里，也是"身入"而心未至，坐不下板凳，吃不下菜饭，始终与老百姓保持着"无形"的距离。这种作秀式的调研，"有哗众取宠之心，无实事求是之意"，与调研的本意大相径庭，反映出的就是心里没有群众，不把群众冷暖挂在心上。

"作秀式"调研产生的根源在于，有的领导干部没有把为人民谋幸福这一份初心记在心中、扛在肩上、落实在行动上，而是以形式主义、官僚主义的不良作风对待调研工作，只在乎展示形象，把调研当"政绩"，只追求表面功夫而忽略深入思考，使调查研究成为形式大于内容、过程大于结果的"花架子""假把式"。

欲知山中事，须问打柴人。毛泽东同志在《寻乌调查》中指出："倘若走马看花，如某同志所谓'到处只问一下子'，那便是一辈子也不能了解问题的深处。"坐着车子转、隔着玻璃看的"浅调研"，预设结论、按需求证的"假调研"，走规定线路……诸如此类的"调研秀"，非但解决不了问题，还带坏了作风。一切作秀式调研都和我党实事求是的思想路线相背离。做正确的调查研究，就要坚决反对各种形式的"作秀式"调研。

力戒"作秀式"调研，必须走"近"群众。古人云："耳闻之不如目见之，目见之不如足践之"。"纸上之浅"莫如"躬行之深"。要把事情的真相和全貌调查清楚，把问题的本质和规律把握准确，把解决问题的思路和对策研究透彻，就必须走出机关，走近群众，听民声、察民情、问民意，真"调"实"研"。要真正搞好调查研究，就需要党员干部到一线去、到基层去、到现场去，真正走"近"群众，力争当好"照相机""显微镜""放大镜"，做到亲知、深知、真知，真正发现问题、分析问题、解决问题，这样的调研才能问政于民、问需于民、问计于民。

力戒"作秀式"调研，必须走"进"群众。脚下沾有多少泥土，心中才会沉淀多少真情。真正的调查研究，必须深入基层和群众中间，多坐热炕头、少掸凳上灰，与老百姓工作干到一块、吃饭吃到一块，用真情实感和群众交心谈心，不仅身到基层，更要心到基层，这样的调研才能真正"走心"。领导干部只有走"进"群众，多倾听群众的呼声，多了解群众的需求，才能知道群众在想什么、需要什么，才能知道方针、政策的落实情况，才能知道哪些方面需要修改，哪些方面需要加强，真正找出解决问题的新视角、新思路和新对策，从而更好地服务人民群众。

力戒"作秀式"调研，必须下真功夫、实功夫，不搞花架子。惟诚可破天下之伪，惟实可破天下之虚。习近平同志在《之江新语》中强调：调研工作务求"深、实、细、准、效"，这个"实"就是"作风要实，做到轻车简从，简化公务接待，真正做到听实话、摸实情、办实事"①。习近平同志在福建工作的 17 年半里，他不知"掀开了多少锅盖、掀开了多少桌盖、掀开了多少铺盖"；双手接过百姓递来的米酒碗、黑茶杯，一饮而尽；请一群先富起来的"泥腿子"坐上地委讲台，为机关干部上课……② 他的调研，从来不作秀，他对国家、对民族、对人民爱得很深，这种爱发自内心、发自肺腑，所以他能够深入海拔近千米、最边远、最贫困的军营村和山区贫困村调研，为老百姓谋利益，带着老百姓奔好日子。

---

① 习近平：《之江新语》，浙江出版联合集团、浙江人民出版社 2007 年版，第 1 页。

② 参见本书编写组：《闽山闽水物华新——习近平福建足迹》（上），人民出版社、福建人民出版社 2022 年版，第 6 页。

调查研究是不是作秀，归根结底，解决问题是标尺。问题不是用来"秀"的，而是用来解决和破除的。问题是时代的声音，调查研究的过程，就是发现问题、正视问题和破解难题的过程。只有力戒"作秀"，"带着问题下去"调查，"带着问题回来"研究，"真调研"而不是"调研秀"，做到听民意、解民忧、暖民心，确保调查研究取得实效，真正把调查研究从"一张纸""一份表"转变成基层党员群众的"一张笑脸""一个点赞"。此次中办印发的《关于在全党大兴调查研究的工作方案》特别指出，领导干部要"扑下身子干实事、谋实招、求实效"。对各级领导干部而言，只有下真功夫，不搞花架子，带着问题深入群众，真研究问题，研究真问题，才能全面掌握第一手资料，用"真心"才能换来"真经"，从群众中找到解决问题的方法，才能更好地发现、解决新问题，真正地为群众谋福祉。

三、切忌"彗星式"调研

何谓"彗星式"调研？一位乡镇干部说得好：省里下来个分管副厅长调研，市里安排副市长陪，副市长叫上副局长，副局长又拉上业务科长。到了县里，再加上县委书记、县长、分管副县长……陪同人员不断滚雪球，人连成一串、车排成一队，从头到尾望过去，就像拖着一个长长尾巴的彗星。①

---

① 参见董璐、席敏：《"彗星式"调研要不得》，《工友》2017 年 12 月 15 日。

下基层调研，本是改进工作作风和做好工作的需要，是为了避免形式主义和官僚主义，为了避免领导干部只在办公室吹空调、喝茶，听下面的人报喜不报忧，不能察觉基层真实情况的问题。而彗星式调研出现的上级领导干部进乡、村调研，前呼后拥、声势浩大的现象，不仅让群众不知所措，而且暴露出很多问题。

"彗星式"调研的出现有接待陋习作怪，更是干部底气不足、作风不严的表现。去调研的领导干部免不了随时询问相关情况，负责接待的一些干部作风虚浮、业务不精，吃不透中央精神，不了解基层情况，平时会议读稿子，一旦涉及具体数据和问题，往往一问三不知，所以此类领导就想拉熟悉情况的下级"壮胆"，往往会叫上分管领导，没想到下级也要"壮胆"，分管领导再叫上业务骨干等，导致陪同人员越来越多，这样一层层下来，生出了长长的"怪尾巴"，暴露出了此类干部存在的能力不足、本领恐慌等问题。

"彗星式"调研是典型的形式主义，反映出的本质就是官僚主义和形式主义作风。下基层调研，本来是一种跨层级的信息收集过程。比如，一位省级官员到乡镇调研，为的就是了解一手信息、真实信息，这一举动是对常设的、自下而上的信息反馈机制的一种极为有益的补充和修正。可是"彗星式"调研却将各层级的相关官员都聚拢进来，这势必会大大消解调研"直抵一线"的核心功能。当"彗星式"调研的庞大队伍成为一个移动的、微缩版的完整官场，那么调研的价值也就大打折扣。从某种意义上说，它已经不算是"调研"，而是一种没有效率、没有意义的集体仪式。

常言说："知屋漏者在宇下，知政失者在草野。"像这种"彗星式"调研，被陪同人员层层包围，看似热情的排场，恰是干群间的冷漠"篱笆"，"彗星式"调研是阻隔干部与群众交流沟通的人为屏障。调研人员如何能够真正接触群众，听到群众的真实声音呢？这就需要我们的领导干部在调研的时候真正做到轻车简从，不惊动下级，全身心地深入到群众当中，听民声，会民意，踏踏实实为人民群众排忧解难。因此，中央一再要求干部下基层要轻车简从，而"彗星式"调研阵势大、架子足，严重影响干群关系和党的形象，必须坚决摒弃。否则，长此以往，不仅助长迎来送往之风，更会把实情挡在"线"外，造成做决策、定政策和基层现实不符，与群众利益无关。

从根源上斩断"彗星"尾巴，首先要端正思想作风。习近平同志一再强调，调研要有扎扎实实的作风，要简化公务接待，不要搞官僚主义和形式主义。习近平同志在浙江工作时期，有一次下乡调研严肃批评当地主要领导在高速公路出口迎接的行为，[①] 给当地政府留下了深刻的教训。每次调研，除了相关的必要人员外，习近平一直坚持轻车简从，不搞层层陪同、不带框框，力求听实话、摸实情、办实事、求实效。其次要完善领导调研的制度规定，明确调研陪同人员层级等，收紧制度的笼子，加大监督，约束行为。领导干部必须练好调研的基本功，增强发现问题、解决问题的能力，拿出务实管用的调研成果。同时，要把开展调查研究作为增强党性、锤炼作风的过程，不折不扣执行中央八项规定精神，真正把调查研究的优良传统发扬光大，形成"接地气、听实话、有实效"的调研新风。最后要加大随机选地

---

① 参见本书编写组：《干在实处　勇立潮头——习近平浙江足迹》，人民出版社、浙江人民出版社 2022 年版，第 5—6 页。

调研或者暗访力度，改进调查研究方法，直接深入老百姓中间，掌握第一手情况，为决策提供依据。

水能载舟，亦能覆舟。心系群众鱼得水，背离群众树断根。古今中外，无论哪朝哪代，无论哪个政党，无论哪个人物，脱离群众都没有好下场。党的事业一切为了人民，一切依靠人民。脱离群众，便是违背初衷，丧失依靠。习近平同志谆谆告诫："党执政后的最大危险是脱离群众。"党离不开坚如磐石的群众基础，没有群众的支撑，党的事业就会风雨飘摇。从这个意义上说，必须斩断"彗星式"调研后面的"大扫把"，守住党群关系的根与魂。

四、切忌"盆景式"调研

人们的生活水平越来越好了，不再为吃穿发愁了，节假日时纷纷到公园里走走放松下心情，经常能欣赏到各式各样的盆景。欣赏之余爱美的人们还经常捧回几盆装扮自己的居室。形态各异的盆景大家都很喜欢，但是，有一种"盆景式"的调研，却是我们工作的大忌。

2021年9月，习近平在中央党校（国家行政学院）中青年干部培训班开班式上谈到领导干部开展调查研究时，说"要眼睛向下、脚步向下，经常扑下身子、沉到一线，近的远的都要去，好的差的都要看，干部群众表扬和批评都要听，真正把情况摸实摸透。""听真话、察真情，真研究问题、研究真问题，不能搞盆景式调研"。

"盆景式"调研，指的是少数领导干部调研要去的地方、时间、路线、汇报材料都是事先安排好的，只走"规定路线""经典路线"，没有"自选动作"，调研时大事小事"客随主便"，看到的场景是主人事先精心准备、认真包装的各色示范样板、形态各异的"盆景"，听到的汇报是"反复斟酌"提前"彩排"的好听话、标准话和当地的出色成绩，翻阅的是"补充完善"的材料，此类精心布置的"盆景式"调研显"长板"而遮"短板"，让调研者只看到"亮点"而忽略了"难点"，将本该通过调查研究发现问题进而找到对策从而解决问题的调研变成轰轰烈烈的"精品游"。到头来，一条"活鱼"也没抓到，抱着一堆空洞材料，既无法"对症"，也无法"下药"。

"盆景式"调研反映了当前干部脱离群众、回避问题的不良现象。有的干部脱离了群众，只听"官声"、不听民声，只看"盆景"、不看草根；有的当官时间长了，不接地气，不了解基层，不懂农事商事，不敢接近群众；有的只会指手画脚，办不了具体的事，解决不了群众的困难，害怕遇到上访的，有意躲群众。另外，下级总是希望把"盆景""亮点"呈现给上级看，为其政绩"加分"，自然害怕群众"口无遮拦"揭了老底，于是就想尽一切办法把"影响地方形象"的人挡住，把"影响地方形象"的事撇开，避免给政绩"减分"。

"盆景式"调研现象的背后有其深刻原因。一是思想懈怠。参与调研的领导干部自认为对于基层情况了然于胸，满足于看下面单位摆出的"假景""成果"，缺乏实事求是的精神。二是基层干部也存在懒政急政，应付了事，一味迎合上级看到政绩的需求而不及时反映问题。三是调研实效的评定机制流于形式。当前对于基层调研，往往只注重记录领导干部行程，但是在调研实效的认定与评判标准和效果上存在欠缺与疏漏。加之，内部监督流程和监督体制机制不够健全，外部群众和媒体监督渠道不畅通，无法对调研活动进行有效约束。基层缺乏有效的晋升评定机制与容错纠错机制，看盆景的问题就更加变本加厉。

"盆景式"调研危害极大。调研中出现"看盆景""假调研"现象，调研过程走马观花，作报告照本宣科，这种做法不仅失去了调研的最初意义，这种"中看不中用"的调研，报喜不报忧、只讲成绩不讲问题，听不到群众的真心话，看不到现实的问题，削弱调研价值，影响政府决策。还辜负了群众信任，影响地区发展，如果任由这种不严不实的风气蔓延开来，将会严重侵蚀党和政府健康运行的根基。

破除"盆景式"调研、真调研、看实情，习近平同志为我们做了表率。习近平同志刚到福州任市委书记时，就到各个县调研，特别是专门到乡下最贫困的地方去了解情况，到基层单位、到小学、到田间地头、到老百姓家里走访。一开始他就是看，和群众交流，不听当地领导的汇报，等到了一个地点之后，大家坐在一起开会的时候，他才开始听汇报，并结合看到的、了解到的真实情况来对照汇报的情况。真实情况该怎样就是怎样，他一清二楚，谁也蒙不了他。[1] 他有着独特的、认真细致了解问题和分析问题的方法，整个过程就像剥笋一样，一层一层，由外及里，由表象到本质，讲实话、办实事、求实效，坚决杜绝哗众取宠、装点门面的假大空做法。

破除"盆景式"调研，需要多方发力。加强领导干部的思想建设。

---

① 参见中央党校采访实录编辑室：《习近平在福州》，中共中央党校出版社 2020 年版，第 190 页。

调研不能写剧本，更不能带着"答案"去调研。干部调研不要走"经典路线"，确保掌握第一手资料，既调查又研究，在深入调查的基础上系统周密研究，又在缜密研究的过程中深化调查，确保全面了解民情、解决问题。要树立以问题为导向的调研意识，通过查看资料、问卷调查、座谈走访、蹲点解剖等多种形式，少看"前院"和"景点"，多看"后院"和"死角"，直面不开"美颜"、不加"滤镜"的原貌，了解与群众切身利益相关的真问题，增强调研的效果。

破除"盆景式"调研，要念好"全"字诀。全面系统地调研才能掌握全面系统的情况，从而增强决策的可操作性和推广性。完善常态化调研机制，利用好不打招呼的基层调研，了解当地的实际情况，查找当地的突出问题，讨论当地的应对之策。完善监督体系和渠道。对内对调研工作形成日常审核和不定期审核，对外畅通群众投诉举报和媒体监督渠道，保证群众的意见能够充分反馈，贯穿政府的调研与决策的全过程，以此不断提升科学决策能力和水平。

五、切忌"打卡式"调研

近些年来，"打卡文化"盛行，旅游打卡、运动打卡、消费打卡等现象越来越普遍。但网红旅行可以打卡，调查研究万万不可。一些调研活动为调研而调研，搞得本末倒置、南辕北辙。有的基层同志反映，自己所在部门经常有专家和领导来调研，但很多时候都是转一圈，简单听听情况介绍就结束。这种调研浮光掠影、走马观花，把调研搞成了打卡，一些领导干部虽然走近了群众，但始终走不进群众心里，他们往往是拍拍照、合合影，形式上地问问、说说，证明自己"已到此处"。这种看起来是实地走访，但不入家门、不话家常的"打卡式"调研要不得。

基层是距离问题最近的地方，调研也是发现问题最直接的办法。党员干部走群众路线不是成群结队蹲地头摆姿势，更不是七嘴八舌功绩比表现，干部要读懂、吃透中央政策，带着发现问题的眼睛下基层，细观察、深思考，捞"真鱼"、捞"活鱼"，通过调研最终找到解决问题的办法。"纸上得来终觉浅，绝知此事要躬行。"党的十八大以来，各地强化和改进调研工作，要求各级干部下基层听真话、察实情、知民意，在调研中发现问题、找原因、想办法。想调研、愿调研的干部越来越多。但调查研究应是"深度游"，要多采用"四不两直"调研法，多进家门、多拉家常，从基层群众的衣食住行、言谈举止中，真正读懂他们的辛酸苦辣、喜怒哀乐，此般的调查研究才会实现预期成效。

把基层调研搞成打卡，究其原因，一是一些领导干部的工作态度和工作作风存在问题。这些干部普遍作风漂浮，习惯敷衍应付，身入基层而不深入基层。二是过关心态作祟。个别干部为了完成调研任务，盯着考核截止日期在年底突击下乡。此外，也和一些领导干部的政绩观错位有关——片面追求基层调研的数量却忽视了质量。见证最真实的基层，听取最真实的声音，了解最真实的问题，是基层调研的出发点。如果一个领导干部只热衷于"调"的数量，忽视了"研"的质量，或是只满足于发现问题，不注重解决问题，这样的基层调研必然沦为打卡。人确实去了基层，却没有真正深入基层、深入群众，更不可能掌握基层的真实情况。

"打卡式"调研危害很大。看似马不停蹄，实则走马观花。有的调研活动一天跑很多地方，大部分时间浪费在路上，实际到调研点停留的时间也就是个把小时甚至十多分钟。这么短的时间里，别说"解剖麻雀"了，能把调研点的名字记住就不错了。事实上，这种打卡式调研不仅难以了解实情，而且劳民伤财，助长装样子、走过场的形式主义，背离了调查研究的初衷。基层对打卡式调研苦不堪言，有的地方一年中有一半多时间在接待各种调研考察组，甚至一天之内要接待多批调研人员。特别是一些乡村，本来就人少事多，接待耗费大量的人力和精力，严重增加行政成本和基层负担。

习近平同志对务实的调研作风有过明确要求。只是"去过"不能算数，必须有明确的主题，做好充分的准备，安排专门的时间，沉下心来蹲几天，并且要有成果。① 在一些地方，当地安排的调研行程往往会写清楚在每个点上的调研时间是多少分钟。对此，习近平同志提出了批评：调研又不是走过场完成任务，大概的时间可以排一下，但是不要精确到几点几分，得根据现场情况来定。② 调研的目的是为了正确决策。科学决策的源头活水从哪里来？习近平同志反复强调：问计于民、问计于基层。他经常告诫工作人员，担负领导工作的干部，

---

① 参见本书编写组：《干在实处　勇立潮头——习近平浙江足迹》，人民出版社、浙江人民出版社 2022 年版，第 13 页。

② 参见本书编写组：《干在实处　勇立潮头——习近平浙江足迹》，人民出版社、浙江人民出版社 2022 年版，第 6 页。

在对重大问题进行决策之前，一定要有眼睛向下的决心和甘当小学生的精神，迈开步子，走出院子，去车间码头，到田间地头，进行实地调研，同真正明了实情的各方面人士沟通讨论，通过"交换、比较、反复"，取得真实可信、扎实有效的调研成果，从而得到正确的结论。

破除"打卡式"调研，要念好"深"字诀。调研工作要深入基层、深入群众、深入实际，多思多想，切实把情况摸准、把原因弄清、把问题看透，进行深层次剖析。基层调研不是为了拍照打卡，党员干部必须撸起袖子、挽起裤子，奔着问题"一个猛子扎到底"，既看外表又看里子，既看局部又看整体，做到眼里有"物"而非"景"，少看"前院"和"景点"，多看"后院"和"死角"，与群众同踩一片泥土、同坐一条板凳，多找找群众的关注点，多问问群众的需求点，确保掌握第一手真实、鲜活的材料。

破除"打卡式"调研，要念好"心"字诀。领导干部走出机关大院，走出办公室，到基层调研，既要"身入"基层，更要"心入"基层。只有克服形式主义和官僚主义，深刻理解基层、深入开展调研、深情造福群众，面对面倾听民声，心贴心了解民意，零距离摸清民情，实打实为民办事，才是基层群众所欢迎的求真务实的调研。诚心诚意把民情民意放在心上，自始至终把群众放在第一位，放下架子、走出圈子、迈开步子，和群众打成一片，只有走进群众心里，才能听得见真话，摸得着实情。

破除"打卡式"调研，要坚持问题导向，更要做足功课。在调研前，要制订合理的调研计划，明确调研方式、调研对象、重点内容，具体要发现什么问题，要做到心中有数、有的放矢，不能"无头苍蝇乱飞"。"涉浅水者得鱼虾，涉深水者得蛟龙。"领导干部要多开展随机调研、蹲点调研、解剖麻雀式调研，眼睛往下看，脚步往下迈，要坚持"一竿子插到底"的工作态度，切实做好问政于民、问需于民、问计于民大文章。

六、切忌"旅游式"调研

近些年，中央强调大兴调查研究之风，特别是中办印发《关于在全党大兴调查研究的工作方案》后，各地掀起了形式各异的调查研究热潮，调研氛围日益浓厚，但也要警惕各类异化的调研怪象违背调研初衷，"旅游式"调研就属于这种怪象之一。

有的领导干部把下基层当作"短途旅行"，"坐在车里转转，隔着玻璃看看"，拍了照留了痕"游"一圈了事，让调研流于形式、劳民伤财。有的领导干部在地方调研时见缝插针，擅自改变行程，在公务差旅中"绕道游""搭车游"。中央八项规定实施以来，明目张胆的公款旅游几乎销声匿迹，但少数领导干部仍然"明知山有虎，偏向虎山行"，费尽心机、巧立名目，披着到地方"调研""考察"的外衣、打着"学习""交流"的旗号，行变相公款旅游之实的案例却时有发生，成为易发高发的隐性变异"四风"问题。

中央纪委国家监委网站曾公布过原环保部总工程师万本太置中央八项规定精神于不顾，多次借调研检查之名公款旅游的案例。"拿地图过来，看看咱们去哪溜达溜达。"这是万本太时常挂在嘴边的一句话。熟悉他的人都知道，这意味着他又要利用赴地方调研检查之机参观游览旅游景点了。环保工作需要深入各地调研检查，而万本太对这些其实并不上心，常以污染企业看得多了、监测站点都差不多为由，蜻蜓点水、走马观花，大量时间都用来游览附近的景点。党的十八大之后，万本太置中央八项规定精神于不顾，明面上要求调研方案不要把自然保护区、风景名胜景点写进去，暗地里仍不忘借机游览一番，布达拉宫、纳木错、友谊关等著名景点都留下了其游览的身影。① 这种所谓的调研不仅对工作没有任何益处，反而会助长形式主义、官僚主义、享乐主义、奢靡之风盛行，也增加了基层负担，极易引起人民群众内心的反感，损害的是党和政府的形象，其危害非同小可。

变相公款旅游之所以有市场，究其原因有的是侥幸心理作祟，认为预算合规、票据合法，完成"调研"任务和旅游一举两得。在具体安排时候以旅游为主、调研为辅。如"一天调研考察，三天旅游观光"，对于这种问题，监督检查人员如不仔细调查核实一般很难发现。另外就是以调研为名变相公款旅游常常是领导带头或集体行为，一些领导和单位在"法不责众"的心理作用下，以为反正有领导担着，于是巧立名目组织各种变相公款旅游活动。

习近平总书记强调："公款姓公，一分一厘都不能乱花。"调查研究是要办公事、为人民，以调研为名变相旅游的行为，是对国家财产的侵占与浪费、是"四风"陋习的具体表现、是对党纪国法的肆意践踏。这种公款私用的歪风邪气如果不及时遏制，会让人民群众产生误

---

① 薛鹏:《严禁干环保吃环保》,《中国纪检监察报》2021 年 3 月 18 日。

解，甚至连领导干部工作所需，正当的外出交流、考察调研，也会被认为是"游山玩水"去了，将严重损害党员干部队伍的整体形象。

摒弃"旅游式"调研，关键要加强作风建设，压实管党治党责任。锲而不舍落实八项规定精神，保持党同人民群众的血肉联系。中央八项规定不是只管五年、十年，而是要长期坚持。要堵塞制度漏洞，健全作风建设长效机制。严禁借调研、考察、学习、培训等名义组织干部职工变相公款旅游；严禁以考察、研讨、招商、参展等名义变相用公款出国（境）旅游；严禁见缝插针擅自改变行程，在公务差旅中"绕道游""搭车游"；坚决禁止没有实质内容的一般性调研考察活动，确保调查研究回初衷、见实效。

七、切忌"被动式"调研

2018 年，习近平同志在新进中央委员会的委员、候补委员和省部级主要领导干部学习贯彻习近平新时代中国特色社会主义思想和党的十九大精神研讨班上指出，调查研究千万不能搞形式主义，不能搞调研自主性差、丧失主动权的"被调研"。

"被调研"是指调研者丧失了调研的主动权，被安排，被牵着鼻子走，按照被调研单位精心设计好的套路、环节和"路线图"开展调查研究，只看当地政府取得的成绩，回避群众关心的实际问题，名义是调研，其实是"巡礼"。有的调研只是满足于应付上级，只搞粗略调查、不做深入研究，装了一兜子材料，却懒得研读，回来汇报一下，写个报告，就算交差了事。更有甚者，有的地方在领导到基层调研时安排多位工作人员冒充农民参加座谈，对参加座谈会的群众先面授机宜，要他们"背书式"演练，按当地领导的意图说话，报喜不报忧，叫他们在首长面前不要"乱讲话"。这样的结果是调研者既难以察实情、听真话、观全貌，也疏远了干群关系。

出现这种"被调研"的现象有其原因。一些干部下基层调研，提前多日就下发通知，给基层留下充分的"准备"时间。基层自然精心安排，甚至演习多遍，唯恐出现不和谐"镜头"。如此调研成了"被调研"，上级反成了"演员"，看似取到了"真经"，实则没捞到几条"大鱼"。事实上，无论何种类型的形式主义调查研究，其本质都是重"形式"而非"内容"，重"手段"而非"目的"，重"过程"而非"结果"。领导干部不愿调研、不会调研、不善调研，只是按对方安排的路线走马观花，听照本宣科的汇报，连现场交流都要念稿子，最终的报告也懒得自己动手，只看重"是否开展了调查研究"，而对"开展调查研究究竟有什么效果"并不十分关注。概而言之，就是调研的自主性太差。丧失主动权的"被调研""假调研"，影响了决策的科学性，还损害了领导机关、领导干部的形象。

"被调研"成风，问题更多出在上级身上，上有所好，下必甚焉。要么上级满足于看材料、听汇报，坐在办公室关起门来拍脑袋，要么上级的心思本就不在调研上，出发点也不过为了应应景、表表姿态、走走过场。上有所好，下必效之。领着上级走马观花、蜻蜓点水，就算是圆满交差，彼此心照不宣、各取所需，所谓"调研"不过尔尔，想从中获取真知、真问题、真方法，无异于缘木求鱼。当真相被下级架空，丑陋被下级美化，上级就不可能看到问题的根本。想听真话、摸实情，还是"走过场"，首先取决于调研者的态度。调研者只有主动作为，善于透过事物的表象发现问题的实质，才能不为人左右。

习近平同志指出：开展调研时如果不深入基层民间，下面的机关汇报工作就可能存在报喜不报忧的情况，难以听到真实的声音。领导干部搞调研，要有明确的目的，带着问题下去，尽力掌握调研活动的主动权。习近平调研一般不打招呼，不让人家事先准备，而是直接下乡、下厂、入户。在正定工作期间，他转遍了全县 25 个乡镇、221个村。[①] 他强调，领导干部搞调研应有"自选动作"，"看一些没有准备的地方，搞一些不打招呼、不作安排的随机性调研……避免出现'被调研'现象，防止调查研究走过场"。

破除"被动式"调研，要深入群众，决不能假手于人。越是群众意见多、工作做得差的地方，领导同志本人越是要"一竿子插到底"，扑下身子、沉到一线，亲自察看、亲身体验。调研前认真研究调研内容，制订调研方案，带着计划、带着目的深入到群众中，实地查找问题，研究问题，多听群众意见，自觉抓住老百姓最盼、最急、最忧、最怨的问题，时时刻刻握紧主动调研的"竹竿"。

破除"被动式"调研，要多形式调研，改进工作作风。党员干部下基层调研，要敢于突破常规，不走规定路线，不按常规出牌，不妨半路下车、提前摸底、"突然袭击"。唯有如此，才能真正摆脱各种束缚，听到真话、见到实情、问得真经。要想听到实话、看到实事、察

---

① 本书编写组：《让群众过上好日子——习近平正定足迹》，人民出版社、河北人民出版社 2022 年版，第 175 页。

到实情，应多些"无准备"调研。通知不要提前太早发，甚至不下发，让基层无"剧本"可照。要当好"导演"，自选调研路线，不要让基层"编剧"牵着鼻子走。这样，基层不必费心劳力去"备战"，上级才能够掌握真实情况，真正实现调研的目的。

破除"被动式"调研，要主动调研，解决实际问题。主动开展调研，不满足于上级安排、领导部署，唯有把基层的情况摸透熟知，才能真正运筹帷幄决胜千里。要真正意识到领导干部"被调研"的危害，让出台的政策符合基层实际，让制定的措施顺应群众心声，得到基层群众的拥护与支持，这也正是习近平同志痛陈摒弃"被调研"的重要意义。

八、切忌"蜻蜓点水式"调研

干部开展调查研究是为了更接"地气"，让调查研究这个"传家宝"发挥更大功用，使调研真正成为体民情、察民意、做决策的得力手段。但是，当前仍有一些干部调研时坐着小车转，隔着玻璃看，先拍照，再吃饭，这种浮光掠影、人到心不到的"蜻蜓点水式"调研危害极大。习近平同志多次指出：调查研究千万不能搞形式主义、官僚主义，不能搞浮光掠影、人到心不到的"蜻蜓点水式"调研，不去深入了解群众真实的情况和要求，"无实事求是之意，有哗众取宠之心"是不行的！

有的基层干部群众为"蜻蜓点水式"调研者画像，将此类调研形象描述为"掉到井里的葫芦，在水上浮着"，并将其总结为"三多三少"：到基层调研做指示的多，虚心求教的少；开展一般性调研多，带着问题开展专题调研少，蹲点调研更少；到工作突出的地方调研多，到情况复杂、问题多、矛盾突出的地方调研少。一些领导干部下基层调研会提前通知村里做好准备，到了往往先开座谈会，听指定好的几个人对着材料介绍情况，然后走马观花地看一看，基本不与群众接触。有的基层干部表示，一些领导干部调研往往只看"前庭"，不看"后院"，特别是深入实际、深入矛盾、深入现场解决具体问题少，事实上也就每个点都打个照面，什么也看不到。

《中国纪检监察》杂志曾刊文指出，少数干部下基层去调研就是去晃悠一下，凳子还没坐热就返回了。这样的干部，貌似下了乡、进了村，但其实只是走形式、做样子，对党的事业极不负责，也让群众深恶痛绝。在江西某市辖区，一个月的22个工作日中，先后有12位市厅级干部到区里调研。最多的一天区里接待了5拨、6位厅级领导，区长最为繁忙，一天陪了三拨调研。这样蜻蜓点水式的调研，既没有深入实际，也没有深入矛盾、深入现场。这样的调研走马观花，浮皮潦草，上面调研走形式，下边应付造假象，这类浮光掠影的调研，无助于了解民意，无益于正确决策。

"蜻蜓点水式"调研的产生，在于其只把调研当成一个形式、某种任务去完成，没有从根本上认识到调研的意义与价值，宗旨意识不强，缺乏调研的真心；还有一些是领导干部缺乏调研能力，方法不当、调查不深、研究不透。这种"虚浮症"的存在，会导致领导干部双脚"踩空"，头脑"发空"，问题"抓空"，前期缺乏调研或调研不充分，势必会影响科学决策，甚至酿成重大失误。

习近平同志强调，调研工作"深、实、细、准、效"中的"细"，就是要认真听取各方面的意见，深入分析问题，掌握全面情况。要把调查研究做深做实，避免浮在表面、流于形式。通过打打电话、发发微信、看看材料也能了解很多情况，但毕竟隔了一层，没有现场看、当面听、直接问和"七嘴八舌式"的讨论来得真鲜活。在《干在实处走在前列——推进浙江新发展的思考与实践》一书的自序中，习近平同志说，自己每年至少用三分之一以上时间深入基层和部门调查研究。"几年下来，我几乎跑遍了浙江的山山水水，也跑深了与浙江广大干部群众的真切感情，并在实践中逐渐跑透了浙江的省情市情县情。"这样的真情，不是仅凭嘴巴说出来的，而是一个脚印一个脚印踩出来的。习近平同志在浙江工作时期身边的工作人员对"跑遍""跑深""跑透"三个词深有体会。习近平同志尤其重视"跑透"，比如县委书记对全县每个村的情况都要了如指掌，特别是"两头冒尖"的村，更要多跑几趟，进村就像进了自己家一样，张三家如何，李四家怎样，都要一清二楚，这样才能真正和老百姓建立深厚的感情。

脚下沾有多少泥土，心中收获多少芬芳。在调研过程中，只有静下心、沉住气，脚踏实地，把走马观花的"假把式"变为实实在在的"真功夫"，把坐在办公室"闭门造车"变为走进基层"集思广益"，让调研过程真正贴近实际、反映实际。调研时如果没有"解剖麻雀"的细致入微，就只能是坐而论道、凌空蹈虚，"雨过地皮湿"。如果调查研究浮在表面，搞形式、走过场，恐怕什么真实的情况都难以得到，真正的疑难问题也不会解决，作出的决策也往往会适得其反。

避免"蜻蜓点水式"调查研究，要把握好"调查"与"研究"两个环节。调查研究是一门致力于求真的学问，一种见诸实践的科学，也是一项讲求方法的艺术。要察得实情、求得实效，必须有一股子钻劲，不能浅尝辄止、浮于表面。自觉放低姿态，敢于放下架子、脱鞋下田，与群众同吃一锅饭、同坐一条凳，不搞特殊化，做到把基层当课堂，把群众当老师，吹糠见米，剥茧抽丝，及时掌握第一手素材，确保调查研究工作接地气见实效。调研的根本目的是解决问题，调查后要进行深入细致的思考，要既会"研读"信息，又会"研判"问题。调研者要充分发挥主观能动性去洞察问题、处理信息、深思熟虑，进行一番交换、比较、反复的工作，把零散认识系统化，把粗浅认识深刻化，直至找到事物的本质规律，从而作出正确的决策。

九、切忌"嫌贫爱富式"调研

领导干部走出机关大院，走出办公室，深入基层，深入群众进行调查研究，有利于了解实情、倾听民意、科学决策，本来是好事。但如果大家都怀揣"摘桃子"心里，都涌向明星乡镇，不但增加他们的负担，而且这样的调研本身就可能容易流于表面、走过场，成了一场场让群众摇头不已的"调研秀"。

有的干部选择调研地点时"嫌贫爱富舍远求近"，专挑一些明星村，工作业绩突出的地方调研。据统计，2018年，中央和省、市级到先进县区的调研平均数为71次，到落后县区的调研平均数为20次，两者相差 51 次;① 有的干部选择调研课题时"挑肥拣瘦、避重就轻",对成熟、完善的课题重复调研,而对全新的、有挑战性的课题则少有问津。其实,越是贫穷落后的地方,越是全新的课题,问题越多,越有可调研的空间。刻意避开那些情况复杂、问题多、矛盾突出的地方和问题,就丢掉了调查研究的初衷和功效。

"嫌贫爱富式"调研,一般在出典型经验的地方问题比较突出。这些地方往往因为好的经验做法,工作突出,得到上级肯定、群众认可而出了名。在不同发展阶段,各地发现许多好的基层典型,以供参观、交流、学习,发挥了很好的引领带动、激发干劲的作用。但是,一些典型地区长期疲于接待、汇报、应酬,不堪重负,尤其是"扎堆"调研,更是招架不住。有的地方一年中有一半多时间都在接待调研组,个别地方甚至一天之内要接待 10 多批调研人员。一些典型的基层单位,本来就人手不足,要接待各级各类调研组,耗费大量的人力和精力,对正常工作造成很大的影响。

"嫌贫爱富式"调研,只去好地方,不结穷亲戚,对群众关心的问题不管不问,调研变成上下级干部皆大欢喜的"报喜会"。领导干部调研并非看不到基层工作存在的失误和问题,却只喜欢听成绩汇报,甚至喜欢听阿谀奉承,不愿雪中送炭,只想锦上添花。中部某县级市一位科级干部说,领导热衷于选择发展势头好、享受政策充分的明星乡镇调研,眼睛只盯着好的。他所在的乡镇比较偏远,近两年得益于精准扶贫,市里主要领导前往次数增多,但即便如此,还是不及

---

① 华智超:《警惕"嫌贫爱富"式调研》,《长江日报》2019 年 8 月 14 日。

明星乡镇的两成。诚然，调研先进典型，有利于及时总结学习经验，找准工作的突破口和着力点，也有利于各地相互交流，取长补短。地方工作能创造经验、成为示范，本身就需要付出诸多时间精力，倘若挤占基层过多精力用于被调研，就会打乱该地原本的工作节奏、计划安排，甚至贻误干事创业最佳时机。

"嫌贫爱富式"调研，走"规定路线"，看"老典型"。喜欢围着"先进"转，表面上是方法问题，实质还是作风问题。习近平同志在深度贫困地区脱贫攻坚座谈会上说："这次到吕梁山区后，全国 11 个山区集中连片特困地区，包括六盘山区、秦巴山区、武陵山区、乌蒙山区、滇桂黔石漠化区、滇西边境山区、大兴安岭南麓山区、燕山—太行山区、吕梁山区、大别山区、罗霄山区，我都走到了。"习近平总书记走最崎岖的山路、到最贫困的地方、牵挂最困难群众的作风为我们树立了榜样。

调研是为决策提供全面客观参考，开展调研必然要坚持辩证全面思维和整体大局意识，既看先进典型，更看短板弱项，真正发现工作推进的实效和问题，汲取成功经验，又剖析不足、病灶，从而扬长避短、去伪存真、匡误祛谬，为推动地方经济社会发展提供有益启示。绝不能因为某些地方是典型，就要一窝蜂扎堆去。这反而会助长装样子、走过场的形式主义，背离调查研究的初衷，浪费社会资源，增加基层负担。关心关爱基层，既要及时发现、充分肯定先进典型、成功经验，更要将目光聚焦在那些薄弱地区、薄弱环节，在强弱项、补短板上下功夫。只有多考虑基层的困难，多为基层减压，让基层尽快摆脱形式主义的困扰，才能让基层干部轻装上阵，激发他们干事创业的旺盛活力。

十、切忌"甩手掌柜式"调研

当前，中央要求大兴调查研究之风，各地各部门纷纷响应。但是在一些地方，存在一些调研的不良倾向。有的上级部门名义上开展调研，却坐在办公室当"指挥官"，把各种责任和任务"摊派"给基层单位。有的领导干部调研不到现场，拟个通知，提出具体要求，让"下面的人"整整材料、收集数据，调研情况全由基层干部代写，这样的重部署轻落实、把部署当落实的"甩手掌柜式"调研，只会造成"竹篮打水一场空"的尴尬结局。

老一辈革命家都非常重视领导干部亲自做调查研究。毛泽东同志在《反对本本主义》专门讲述领导同志"调查的技术"，提出各级领导同志要亲自出马、身体力行，调查研究要深入，要定调查纲目，开调查会要作讨论式的调查，要自己做记录。他不仅把调查研究看作一切工作的基础，而且身体力行亲自做深入细致的调查，为全党践行和推动调查研究树立了光辉典范。

仔细分析，当前出现的"甩手掌柜式"调研怪象有其复杂原因。一是领导干部普遍事务多、会议多、活动多，没时间调研，只能通过把任务"分解外包"，逐级调研成为"层层要材料"，有的基层干部一个月领了几十项调研任务。二是诸多调研任务大都压在基层少数"笔杆子"头上。三是调研的不写材料，写材料的没资格调研。因此上级机关有的领导干部领了任务，但最后还是甩给他人。调查研究中出现的这些"材料流转""调研甩锅""求量不求质"等异化苗头，背离了调查研究的初衷，难以起到应有的工作效果，是脱离群众的新形式主义。

还有一种甩手掌柜现象发生在调研的后半段。政府部门到基层、一线走访，花费了大量精力深入基层，积极采取座谈交流、调查问卷、基层走访等方式，了解基层群众关心的热点、难点和困惑点，形成了有理有据的数据材料和丰富饱满的调研成果，满载而归。然而调研结束后却将所有调研成果抛之脑后，不闻不问，做起了"甩手掌柜"，最终基层的意见诉求石沉大海、杳无音讯。基层同志反映，上级部门开展调研时一丝不苟，交流谈心时嘘寒问暖，材料总结了一大堆，但回去后，很多需要解决的问题依然存在，具体方案仍然停留在纸面上。这种有始无终的"烂尾式"调研，这种不愿负责、敷衍应付、作风漂浮的"甩手掌柜式"调研危害很大，逐渐让上级机关失去了公信力。

"甩手掌柜式"调研之所以常发生，究其原因，还在于一些干部为民解忧意识不足、干事创业劲头不够。要解决此类难题，党员干部应当真正树立起宗旨意识，全心全意为人民服务既要抓得紧，更要抓得实。唯有如此，调研才能不变味，服务才能不失本色。

调查研究要取得实效，离不开领导干部亲力亲为。习近平同志指出，领导干部要用自己的眼睛看最真实的情况，用自己的耳朵听最真实的声音。只有通过亲自深入一线的调查研究，直接真切感受了解社情民意，才能密切党同人民群众的血肉联系；也只有通过亲手掌握一手调研材料，开动脑筋进行研究思考，综合分析，才能找到破解问题的思路与对策。

破除"甩手掌柜式"调研，要做好调研的"后半篇文章"，充分发挥好调查研究"传家宝"的作用，真正做到"调以致用"。对于调查过程中收集到的情况和材料，要在深入分析、归纳总结上下功夫，抽丝剥茧剖析原因、原汁原味直指问题，遇到不清楚的地方，要再"回炉"调查，确保掌握全面、翔实的第一手数据，为下一步撰写可行性高、指导性强的调研报告奠定基础，切实将调研成果转化为指导基层解决问题的良方良策，让调查研究起到"1+1>2"的效果。

调查研究犹如一座桥，连着真知与行动，也连着党心与民心。它不仅是一种工作方法，更是关系党和人民事业得失成败的大问题。站在强国建设、民族复兴的新征程上，我们更要用好调查研究这个传家宝，摒弃各种调研异化怪象，真正动起来、沉下去，在问题中把准社会脉搏，在解题中认识发展规律，创造经得起实践、人民、历史检验的实绩，用心用情用力答好新时代的答卷。

第九章

调查研究的"任务书"

新时代新征程，中国共产党比以往任何时候都更需要靠调查研究把握事物的本质和规律，找到破解难题的办法和路径。党中央决定，在全党大兴调查研究。那么，调查研究如何进行？《关于在全党大兴调查研究的工作方案》为调查研究提供了清晰的"施工图"。

一、提高认识：建功立业的"加油站"

人的认识过程是一个由不断实践——认识——再实践——再认识，循环往复，以至无穷的辩证发展过程。那么，调查研究作为认识客观事物的重要途径，就要作为一种"常规武器"经常拿在手中。我们党历来十分重视调查研究，回顾党的历次重大教育活动，调查研究始终是重要内容、重要环节、重要要求，成为党内开展学习教育的一个鲜明特点。尤其是党的十八大以来，我们党先后部署开展了党的群众路线教育实践活动、"三严三实"专题教育、"两学一做"学习教育、"不忘初心、牢记使命"主题教育和这次学习贯彻习近平新时代中国特色社会主义思想主题教育。每次重大教育，习近平总书记都对调查研究反复强调并带头践行。要切实提高对做好调查研究的认识，使调研的过程成为加深对党的创新理论领悟的过程，成为保持同人民群众血肉联系的过程，成为推动事业发展的过程，在学习贯彻习近平新时代中国特色社会主义思想主题教育中进一步提升学思践悟能力，更好地改进工作、推动实践。

（一）调查研究是加深对习近平新时代中国特色社会主义思想学习领会的重要过程

马克思曾经说过，一切划时代的体系的真正的内容都是由于产生这些体系的那个时期的需要而形成起来的。伟大的时代需要伟大的思想，也必然产生伟大的思想。习近平新时代中国特色社会主义思想是马克思主义中国化最新成果，是经过实践检验、富有实践伟力的强大思想武器，是当代中国马克思主义、二十一世纪马克思主义。党员干部深入学习贯彻习近平新时代中国特色社会主义思想，既要准确理解其理论特色，又要科学把握其实践意义。唯有如此，才能深刻领会其核心要义和丰富内涵，增强政治认同、思想认同、理论认同、情感认同。

"理论特色"和"实践意义"从哪里来？在哪里体现？关键要靠调查研究，在实践中发现和体悟这一伟大思想的实践伟力。调查研究是不断坚持党的思想路线和群众路线、推进党的理论创新和加强党的理论武装的内在要求。党员干部要通过对实际的充分调查研究，扑下身子、沉到一线，察实情，访万家，加深对习近平新时代中国特色社会主义思想的学习领会，做到学思用贯通、知信行统一。

习近平总书记非常重视把调查研究作为审视和梳理工作思路的重要抓手，每次有重要会议召开、重大思想理论提出，都会在实际调研中了解贯彻落实情况，再把调查研究过程中掌握的实际情况上升为理性认识。他在浙江工作期间，对浙江发展提出的"八八战略"，就是在调研中逐渐形成的，提出以后，又通过大量调研，去验证"八个方面优势"如何转化为"八个方面战略"。到上海工作以后，也是利用各个层面调研了解贯彻落实中央精神的情况，查找工作不足，推动工作。

实践是检验真理的唯一标准。科学理论的价值就在于回答时代课题、推动实践发展。各级党委（党组）要充分认识调查研究在学习领会习近平新时代中国特色社会主义思想过程中的重要意义，通过理论学习中心组学习、读书班等，组织党员、干部深入学习领会习近平总书记关于调查研究等的重要论述，学习习近平总书记关于本地区本部门本领域的重要讲话和重要指示批示精神，继承和发扬老一辈革命家深入基层调查研究的优良作风，增强做好调查研究的思想自觉、政治自觉、行动自觉。要按照党中央关于在全党大兴调查研究的工作方案，组织广大党员、干部特别是各级领导干部扑下身子、沉到一线，深入农村、社区、企业、医院、学校、"两新"组织等基层单位，把脉问诊、解剖麻雀，进行问题梳理、难题排查，运用党的创新理论研究新情况、解决新问题。尤其是要切实提高以调研开路、在调研中发现问题和解决问题的意识和水平，切实用实践中的成效彰显和释放真理力量。

（二）调查研究是保持同人民群众血肉联系的重要过程

群众路线是党的生命线和根本工作路线，是党永葆青春活力和战斗力的重要传家宝。各级党员干部要继承和发扬党的优良传统，增强服务群众本领，走好群众路线，就要在调查研究的过程中塌下心来，走近群众，了解群众，设身处地地站在群众角度体察民情。

知屋漏者在宇下，知政失者在草野。人民是历史的创造者，实际的情况群众最了解，存在的问题群众感受最深，对解决问题的办法群众最有发言权。要在调查研究过程中始终保持党同人民群众的血肉联系，就要始终保持"从群众中来，到群众中去"的工作作风。对于基层群众，习近平总书记从不打官腔、讲排场，到基层调研从来不是一下车就讲大道理，而是多看、多听、多问，最后发表的讲话都是在调研实际中总结提炼出来的，运用的都是群众听得懂的语言。[1] 他在福州工作期间，为了了解棚户区改造情况，就到夏季最炎热的时候，带队到最典型的福州木头房子里调研，屋顶是薄薄的瓦片，四壁是木板钉的，没过一会儿，所有人都大汗淋漓。习近平同志说："为什么我在这个时候把大家请到这里来？就是让大家体会一下棚屋区群众的生活环境。大家都是当干部的，有的还是领导干部，我们有没有人住这样的房子？让你们来这样的地方住，你们住不住？可是我们的普通百姓现在还住这样的房子，你们说应不应该改造？"大家一下子反应过

---

[1] 参见中央党校采访实录编辑室：《习近平在上海》，中共中央党校出版社 2022 年版，第 79 页

来，异口同声答："应该!"① 给干部群众留下深刻印象。

毛泽东同志指出，要做好调查研究，"第一是眼睛向下，不要只是昂首望天。没有眼睛向下的兴趣和决心，是一辈子也不会真正懂得中国的事情的"。习近平总书记强调，"要拜人民为师，向人民学习，放下架子、扑下身子，接地气、通下情，'身入'更要'心至'"，要"抓住老百姓最急最忧最怨的问题，解决好群众最关心最直接最现实的利益问题"。这样的态度，才是开展调查研究正确的态度。党员干部要通过深入工作环境艰苦的一线，与基层群众同乘一辆车，同吃一餐饭，放下架子融入其中，把自己放在和群众同样的心理状态上，体味他们的现实生活和所思所盼，换位思考，才能消除群众对"官"的敬畏，打开"话匣子"，掌握第一手的调研情况，把调研成果切实转化为破解难题的实策。

（三）调查研究是新时代党员干部干事创业建新功的重要过程

在学习贯彻习近平新时代中国特色社会主义思想主题教育工作会议上，习近平总书记对开展主题教育的总要求作出深刻阐释，其中一个方面就是"建新功"。新时代新征程，党员干部要实现"建新功"的要求，就要运用好调查研究这个重要的工作方法，在实践中不断寻找分析问题、解决问题的良方，不断提高履职尽责的能力和水平，凝

---

① 中央党校采访实录编辑室：《习近平在福建》（上），中共中央党校出版社2021年版，第323页

心聚力促发展，驰而不息抓落实，立足岗位作贡献，努力创造经得起历史和人民检验的实绩。

要运用好调查研究这个工作方法，就要掌握调查研究的能力。习近平总书记在 2020 年中共中央党校（国家行政学院）秋季学期中青年干部培训班开班式上强调，年轻干部要注意提高七种能力，研究能力是习近平总书记对中青年干部提出的"七种能力"中的重要一项。可以说，政治能力、科学决策能力、改革攻坚能力、应急处突能力、群众工作能力、抓落实能力等其他六种能力，都离不开调查研究能力的强大支撑，都需要在调查研究中提高工作本领。

尤其是当前，我国发展面临新的战略机遇、新的战略任务、新的战略阶段、新的战略要求、新的战略环境。世界百年未有之大变局加速演进，不确定、难预料因素增多，国内改革发展稳定面临不少深层次矛盾躲不开、绕不过，各种风险挑战、困难问题比以往更加严峻复杂。在这样复杂严峻的形势下"建新功"，就要打好主动仗，就要下好先手棋，切实提高调查研究能力，把握事物的本质和规律，找到破解难题的办法和路径。

调查研究能力如何体现？ 2003 年 2 月 25 日，时任浙江省委书记的习近平同志在《浙江日报》"之江新语"专栏发表了一篇题为《调研工作务求"深、实、细、准、效"》的短文，文章提出，在调研工作中，"一定要保持求真务实的作风，努力在求深、求实、求细、求准、求效上下功夫"。他把调查研究应该注意的问题都说深说透了。"深"，就是要深入群众，深入基层，善于与工人、农民、知识分子和社会各界人士交朋友，到田间、厂矿、群众和社会各层面中去解决问题。"实",就是作风要实,做到轻车简从,简化公务接待,真正做到听实话、摸实情、办实事。"细",就是要认真听取各方面的意见,深入分析问题,掌握全面情况。"准",就是不仅要全面深入细致地了解实际情况,更要善于分析矛盾、发现问题,透过现象看本质,把握规律性的东西。"效",就是提出解决问题的办法要切实可行,制定的政策措施要有较强操作性,做到出实招,见实效。党员干部应该践行习近平总书记提出的"深、实、细、准、效"的要求,不断提高调查研究的水平,增强调查研究能力。

二、制订方案:调查研究的"施工图"

调研方案是开展调查研究的文本依据,主要是对即将开展的调研进行合理规划,这是确保调查研究取得成功的基础工作。党政机关开展调查研究的方案是否科学得当,直接关系调研意图能否得到贯彻,能否在有效时间内获取有价值的信息资料,直接关系调研的成效。因此,制订好调研方案至关重要,要把握好主要程序和关键步骤。

(一)确定调研主题

调查研究的种类各有不同,但定好调研主题是重中之重,这关乎调查研究质量的高低乃至调研最终的成败。

习近平总书记在调研工作中十分注重制订工作方案,突出超前规划，尽最大可能提升调研实效。在福建省工作期间，他对各种方案的制订都非常认真，亲力亲为。做工作不只是完成眼前的事，而是会像下围棋那样进行全局的统筹考虑，也会像下象棋那样考虑后面几步的效果。有几次，习近平同志看完方案之后，严肃地对身边工作人员说："有一段时间没有下去了，不行啊。"在他看来，到基层去、到群众中去，是做好工作的必修课。① 他觉得，有一段时间不下去了解情况，不跟群众接触，就好像缺了点儿什么。在上海工作期间，他善于通过调研方式了解具体情况，上海第七届党代会召开前，还专门拟订调研方案，了解不同层面同志对党代会报告的意见建议；到上海不到半个月，就提出要组织部拟订调研方案，准备去看看上海基层党建情况。

制订调研方案，要把确定主题作为起点，基本要求包含三个方面：一是明确的目的，有针对性地选择那些具有现实意义的重大课题，优先考虑那些迫切需要解决的热点难点问题。二是从实际出发，着重在本行业本领域中选取人民群众反映最强烈甚至矛盾问题最突出的方面入手开展调研，避免单凭"拍脑袋"主观臆断、"拍大腿"随意定题，与现实工作脱节。三是可行性，要根据调研的主客观条件，选取有调研必要性、实施可行性，尤其是通过努力可以胜任的调研选题，确保调研成果能够为党委政府取之可用、用之有效，切忌抽象空泛、标新立异、好大喜功。

---

① 参见中央党校采访实录编辑室：《习近平在福建》（上），中共中央党校出版社 2021 年版，第 296 页。

（二）选准调研对象

调研对象的选取是调研方案中非常重要的内容，在拟订方案时需要认真研究推敲。习近平总书记强调，要"多深入基层寻计问策，多解剖麻雀小中见大"。"解剖麻雀"的前提是选好"麻雀"。怎样选好"麻雀"，要注意把握三个方面原则。

一是坚持客观性。实事求是是我们党一以贯之的宝贵品格，在调查研究工作中，必须同样坚持这一原则，真实反映客观情况。如果调查研究的结果不能真实地反映客观实际，那么这种调查研究的结果不仅是徒劳无功，而且会对工作造成危害。所以，调研过程必须原原本本地了解和反映地方原汁原味的实情，听一些平常听不到的真话。1961 年，中共八届九中全会确定对国民经济实行"调整、巩固、充实、提高"的方针，为了进一步弄清国内情况和问题症结所在，毛泽东同志号召"大兴调查研究之风"，中央领导人都到基层搞调研，陈云同志选在自己的家乡上海市青浦县，主要的考虑就是"这里是我1927 年搞过农民运动的地方，解放后也常有联系，当地的干部、群众能够同我讲真话"①。

二是顾全整体性。习近平总书记指出，调查研究，是对客观实际情况的调查了解和分析研究，目的是把事情的真相和全貌调查清楚，把问题的本质和规律把握准确，把解决问题的思路和对策研究透彻。任何事物都是在与其他事物的普遍联系中存在的，因此调查研究必须

---

① 熊亮华：《陈云与调查研究》，《学习时报》2018 年 3 月 9 日。

有整体性的眼光，既要看到事物的外部联系，又要看到其内部联系，不能固守一个方向、一个角度、一种模式，而要在对各个方面全面了解以及复杂关系和多样联系中综合考量。面上要广覆盖，做到习近平总书记要求的，"近的远的都要去，好的差的都要看，干部群众表扬和批评都要听"，获得全面的调研成果。

三是突出典型性。毛泽东同志对此曾有过精辟的论述，比如："调查的典型可以分为三种：一、先进的，二、中间的，三、落后的。如果能依据这种分类，每类调查两三个，即可知一般的情形了。"如果选取样本不够典型、不具代表性，就会出现盲人摸象、只知部分不知整体的情况，进而导致分析研究结果出现系统性偏差，调查研究无功而返。习近平同志在调研中很注重选取典型的点，比如考察扶贫问题就选取全国十八个集中连片地区之一的十八洞村，还曾经冒着严寒到太行山深处的河北阜平，还不禁感慨："如果能看到真贫就值了"。农村、社区、企业、医院、学校、"两新"组织等基层单位都是很典型的地点，开展调研要首选这些地方。

（三）组建调研团队

调研主题和调研对象一经确定，就要考虑组建调研团队，根据调研课题内容和任务大小，确定参与人数和组成结构。

首先，要明确牵头人，亲自主持制订方案，统筹组织整个调研活动，主持调研座谈会，确定调研报告框架等，一般由调研课题所涉及工作的分管领导或该项工作牵头部门的领导担任。其次，要明确其他组成人员，确保有与调研主题相关的业务人员和专业人员参与，保证能够及时了解实情，深挖问题实质，延伸调研深度，相关领域专家学者的加入还将提升调查研究的科学性、权威性，使调研成果更具含金量和说服力。再次，要安排综合能力较强的工作人员全程参与，前期充分了解调研目的和领导意图，过程中广泛收集各种材料，眼到、身到、心到，把所见所闻所思都转化为书面语言，形成表述准确、深刻严谨的调研报告。

（四）切实加强调研统筹

调查研究要严格执行中央八项规定及其实施细则精神，轻车简从，厉行节约，不搞层层陪同。要采取"四不两直"方式，即"不发通知、不打招呼、不听汇报、不用陪同接待，直奔基层、直插现场"，多到困难多、群众意见集中、工作打不开局面的地方和单位开展调研。要加强调研统筹，从实际出发，科学使用"四不两直"调研方式，避免扎堆调研、多头调研、重复调研，不增加基层负担。要力戒形式主义、官僚主义，防止走过场、不深入。制订调研方案要结合调研课题的任务量大小，对总体时间有预估和把握，不宜过长或过短。时间太长则浪费人力物力财力，影响工作效率；时间太短则会对一些环节的调研不深不透，结果粗枝大叶甚至草草了事。同时，要合理考虑路途远近、交通状况和便捷程度等因素设计调研路线；串联多个调研点时，注意先远后近、少兜圈子，尽最大可能提升调研效率。

三、开展调研：调查研究的"重头戏"

开展调查研究，就是深入一线进行考察，探求客观事物的真相、性质和发展规律的活动。遇到问题怎么办，没有思路怎么办？先摸摸实际情况，把握重点环节和矛盾所在，找到问题所在、症结所在。要因地制宜，综合运用各种调研方式，科学务实开展调研。要真诚倾听群众呼声、真实反映群众愿望、真情关心群众疾苦，问政于民、问需于民、问计于民。要坚持实事求是，一切从实际出发，深入基层单位，调实情、查问题、研对策、究规律。要坚持问题导向，把群众面临的问题发现出来，把群众的意见反映上来，把群众创造的经验总结出来，真正把调查研究的过程变为推动工作的过程。

（一）把握重点，进行专项调研

调查研究是要解决矛盾和问题的，抓住主要矛盾和矛盾的主要方面是关键。搞好调查研究必须多层次、多方位、多渠道地调查了解情况，基层、群众、重要典型和困难的地方应成为调研重点，要花更多时间去了解和研究。《关于在全党大兴调查研究的工作方案》明确要求：县处级以上领导班子成员每人牵头1个课题开展调研，同时，针对相关领域或工作中最突出的难点问题进行专项调研。

习近平总书记重视调查研究，尤其是重视以点带面工作方法，在调研中始终盯紧一个时期中最突出的难点问题。2012年12月底，刚刚当选中共中央总书记不久的习近平顶风踏雪入太行，吹响脱贫攻坚的号角。此后，他把握全面建成小康社会的牛鼻子，贫困地区年年去、常常去，直接到贫困户看真贫、扶真贫，直接听取贫困地区干部群众意见，不断完善扶贫思路和扶贫举措，走遍了 14 个集中连片特困地区，最终在全党全国共同努力下打赢了脱贫攻坚战。此外，为推动长江经济带发展，先后到重庆、两湖、江苏等地调研，3 次召开专题座谈会；为推动东北全方位振兴，先后到东北调研 7 次，2 次召开专题座谈会；为推动黄河流域生态保护和高质量发展，先后到河南张庄、甘肃以及河南郑州考察调研并召开专题座谈会。

（二）因地制宜，综合运用各种调研方式方法

选择适宜的调研方式，是顺利开展调查研究工作的必要条件。不同的调研方式有各自的优势。其中，实地调研是通过身临其境地去现场了解，掌握第一手资料；"解剖麻雀"蹲点调研是通过深入研究有代表性的典型，找出事物的特点、本质与规律；问卷调研将所要了解的情况通过问卷的形式发放出去，统计获取调研信息；会议调研请调研对象以座谈开会的形式直接地获得信息；访谈调研走访不同的人群获取调研信息。此外，还有文献调研法和抽样调研法等具体方法。《关于在全党大兴调查研究的工作方案》明确要求：要坚持因地制宜，综合运用座谈访谈、随机走访、问卷调查、专家调查、抽样调查、统计分析等方式，充分运用互联网、大数据等现代信息技术开展调查研究，提高科学性和实效性。习近平同志重视调查研究，他在任河北正

定县委书记期间，转遍了全县 25 个乡镇、221 个村。这一时期正定形成的许多文件和重大决策，都跟这些调研有关系。调查研究之风从县委大院兴起，吹进机关、乡镇。为了解决一些地方在汇报工作时存在"报喜不报忧"的现象，听到更多群众的呼声，了解真实民意，他采取了搞问卷调查的新形式。1984 年 10 月上旬，5600 份民意调查表印制出来。这些调查表除了向各乡各单位发放外，习近平同志还提议"到街上去"！正定县历史上第一次问卷调查正式启动。调查表收集上来后，县委和县政府组织专门班子进行分类归纳和综合分析，写出了专题报告。在广泛征求群众意见的基础上，正定县委初步制订出全县 1985 年工作计划和要抓紧办的十件大事。

（三）深入基层，问计于群众

开展调查研究，核心是深入实践、深入群众调查研究。人民是最好的老师，基层是最大的课堂。习近平总书记指出："要把调查研究作为基本功，深入基层、深入群众、深入实际，了解情况、问计于民。""领导干部进行调查研究，要放下架子、扑下身子，深入田间地头和厂矿车间，同群众一起讨论问题，倾听他们的呼声，体察他们的情绪，感受他们的疾苦，总结他们的经验，吸取他们的智慧。"

在调查研究中拜人民为师，习近平同志在地方工作的历程中作出了表率。他到福州任职之初，就以调查研究开路，深入思考发展问题。从 1990 年 4 月到 1992 年 5 月，习近平同志有三分之二以上的时间都在基层调查研究、思考酝酿。在他的推动下，福州市把每年 3 月定为调查研究月，大兴调研之风，推动科学决策。他带领广大干部"拜实践为师，拜群众为师"，用了半年时间通过万人答卷、千人调研、百人论证，几经商榷、十易其稿，制定出台了《福州市 20 年经济社会发展战略设想》，科学谋划了福州 3 年、8 年、20 年的发展目标。这就是人们熟知的"3820"战略工程。

调查研究是一个"从群众中来，到群众中去"的过程，要在调查研究中提高工作本领，努力做到"民之所忧，我必念之；民之所盼，我必行之"，进而"身入""心到""力至"，才能真正了解群众的所思所盼，才能真正为群众解决急难愁盼问题。

四、深化研究：剖析问题的"会诊室"

调查研究，包括调查与研究两个环节。衡量调查研究搞得好不好，关键要看调查研究的实效，深化研究是关键。要运用习近平新时代中国特色社会主义思想的世界观、方法论和贯穿其中的立场观点方法，进行深入分析、充分论证和科学决策。

（一）坚持先调研再决策

调查研究是决策之基。先调研后决策，不调研不决策，是中国共产党人的优良品格。有时我们会把领导干部决策通俗地比喻为"拍板"，这个动作虽然产生于一瞬间，但一瞬间的质变都是依托于背后调查研究的量变。邓小平同志在第三次复出后，无论是决定恢复高考，还是提出把工作重点转移到经济建设上来，都经过了调查研究。拍板恢复高考就是在召开教育工作座谈会上听到专家提出意见后果断作出的。

习近平同志在福建工作期间，就坚持先调研后决策。他说过，没有调研就不要决策。要把主要精力放在决策前的调查、分析、论证上，以寻找和选择最佳决策方案。习近平同志任省长时，正值世纪之交，当时福建上上下下都在热议以什么样的姿态走进新世纪。由于众所周知的原因，福建经济发展长期滞后，1978 年全省经济总量排在全国第 22 位，改革开放给福建注入强大活力，1999 年经济总量上升到第 11 位。大家在经济快速发展中尝到甜头，认为发展是福建的头等大事，经济应该发展得更快一些。怎样抓好新世纪的经济工作呢？2000 年上半年，习近平同志作了密集的专题调研。他两赴泉州，还去了福州、厦门等地。他提出，福建经济弱，主要弱在产业上，要通过调整经济结构和产业结构推动产业发展，把经济进一步搞上去。2000 年 7 月，在前期调研基础上，习近平同志主持召开全省经济结构调整工作会议。他指出"福建经济结构要适应新形势新要求，着力'调快、调大、调高、调新、调优、调活'，提高全省经济综合竞争力。"这"六个调整"，为当时和之后全省的经济工作指明了方向。①

当今时代对领导者决策者提出的要求更高，很多新情况、新领域新问题摆在面前，要求每个领导对每件事情都精通是不现实的，特别

————————
① 中央党校采访实录编辑室：《习近平在福建》（上），中共中央党校出版社 2021 年版，第 320 页。

是一些专业性、技术性很强的问题。这就需要领导者在工作中广泛听取意见，包括反面意见，通过分析辨别，研判形势，做出决策。老一辈革命家注意在调查研究中找有各种不同看法的人交换意见，作为调查研究的一种重要方法。习近平总书记也非常善于倾听不同领域专家代表的意见。在上海工作期间，为了开好第七届党代会，他先后召开4 次座谈会，分别听取区委书记、大口党委书记、老干部、各民主党派、工商联和无党派代表人士等的意见。后来工作人员觉得时间比较紧，就向他建议，是不是减少一两次座谈会或者合并起来开。习近平同志说："还是要多听听大家的意见，不要减少或者合并，尽量挤时间开。"① 后来这4 次座谈会都如期召开，与会同志对报告起草提出了许多宝贵的意见。

（二）做到真调查真研究

现在，党员干部想调研的意愿越来越强，但在工作开展过程中，依然存在一些不以解决问题、取得成效为目的的调研，正如习近平总书记所指出的那样，"从目前领导干部调查研究的实际情况看，有调查不够的问题，也有研究不够的问题，而后一个问题可能更突出"。② 能不能做到真调查真研究，需要警惕四种现象。

---

① 中央党校采访实录编辑室：《习近平在上海》，中共中央党校出版社2022 年版，第220 页。
② 本书编写组编著：《领导干部"三严三实"学习读本》，人民出版社2015 年版，第116 页。

一是轻调研重留痕的现象。2013 年 9 月，习近平总书记在参加河北省委常委班子专题民主生活会时指出，现在调查研究好像还有一个"功能"，就是让别人知道我在调查研究，我在忘我工作，我在接触群众。而这个"功能"在一些人那里似乎渐渐变成了调查研究的主要功能，调查研究的本来目的倒变成次要的甚至可有可无的了。这样的话，每次下去能不带记者吗？能不带摄像机吗？如果没有记者、没有摄像机，那么在他们看来，这个活动还去不去就要考虑了，就要琢磨一下还有没有意义？没有留声留影，那不就等于没有去活动吗？显然，这其中有个导向问题。有的人觉得无声无息、埋头苦干，最后得不到认可。要想得到认可就要出头露脸，最后变成出头露脸就是工作、就是政绩，这是私心杂念在作怪，背离了调查研究的"初心"。这是值得警惕的。

二是回避矛盾不担当的现象。有的在调研中遇到困难就退、遇到矛盾就躲、遇到风险就避，缺乏担当精神。习近平总书记强调，调查研究要钻"矛盾窝"，尤其对困难较多、情况复杂、矛盾尖锐的地方和群众最盼、最急、最忧、最怨的问题更要深入调研。

三是只调查不研究的现象。有的调而不研，满足于开开会、看看点，谈一些面上的情况，连存在的问题都是提前准备好的，有情况、例子、数字，无观点、分析、对策，根本就没有研究问题，口袋里装了满满一兜子材料，回来草草写个报告了事，却没有通过进一步研究形成规律性认识；有的有情况，也有观点、对策，但只是相加关系。情况与观点、对策，缺乏逻辑关系和内在联系，没有经过"由浅入深""由表及里""由此及彼"的分析；还有的是先入为主、按图索骥，带着框子找例子，带着论点找论据。"结论不是产生在调查研究的末尾，而是在它的先头。"违背了唯物主义的基本原则；还有的有情况、有观点、有对策，也有内在联系，而且确实是先调研后做结论，但观点结论不深、不新、不实。主要是因为没有形成研究问题的风气，没有养成分析问题的习惯，尤其是缺乏马克思主义的思想武器，仅仅满足于调研过了、情况汇总了，而没有把现实情况上升为全面的、系统的、本质性的、规律性的理性认识。这样的所谓"调查研究"，失去了开展调查研究的根本价值，不能提出精准对路、务实管用的工作措施和建议，也就不能解决经济社会发展中的实际问题，不能为领导正确决策提供依据。

（三）科学运用研究方法

对调研得来的大量材料和情况，一是要进行科学整理，包括对原始资料进行审查、分类、汇总、统计等。在此基础上，要认真研究分析，由此及彼、由表及里。所谓研究分析，就是要通过对各种情况进行分类比较，灵活运用内容分析、统计分析、因果分析等方法，坚持定性与定量、宏观与微观、静态与动态、特殊与一般相统一，灵活运用判断推理、归纳演绎、分析综合等逻辑方法，把从各种调研资料中获得的感性认识提炼为理性认识。

二是要在分析基础上充分综合。要把调查对象的各个部分还原为一个整体，在总体印象中进行综合概括。要注意集思广益、群策群力，通过召开调研成果交流会等方式，充分交流论证，防止调查多、研究少，情况多、分析少，对策大而化之、空洞抽象、不解决实际问题的现象，确保拿出务实管用的破解之策，真正做到把情况搞全了、弄准了，把材料掰开了、揉碎了，把关系理顺了、摆正了，把措施具体了、落实了。①

三是要运用"交换、比较、反复"的方法。这是陈云同志的名言，也是搞调研的一个非常重要的指导思想和方法。"所谓交换，就是通过交换意见，使认识比较全面。"商品在交换中实现其价值，认识在交换中深化、全面，并受到新的启发。"所谓比较，一是左右比较，二是前后比较"，即纵横比较。"所有正确的分析，都是经过比较得来的"，"研究问题、制定政策、决定计划，要把各种方案拿来比较"。有比较才能有鉴别，有比较才能分优劣。一个地方的经济、社会发展，要在前后比较中看变化。

四是要得出结论。对经过充分研究、比较成熟的调研成果，要及时上升为决策部署，转化为具体措施；对尚未研究透彻的调研成果，要更深入地听取意见，完善后再付诸实施；对已经形成举措、落实落地的，要及时跟踪评估，视情况调整优化。

五、解决问题：调查研究的"度量衡"

中国共产党人干革命、搞建设、抓改革，从来都是为了解决中国

---

① 参见李瑞环：《学哲学　用哲学》（上），中国人民大学出版社 2005 年版，第 71 页。

的现实问题。坚持问题导向，是我们党重要的思想方法和工作方法。衡量调查研究搞得好不好，关键就要看调查研究的实效，看调研成果的运用，看能不能把问题解决好。可以说，调查研究的根本目的就是解决问题。必须全面落实党中央关于大兴调查研究的部署要求，对照党中央明确的 12 个方面重要内容，突出问题导向，深入基层一线调查研究，进行问题梳理、难题排查，真正使调查研究的过程成为解决问题的过程。

（一）在调研中查找问题

问题是时代的声音，它是我们开展调研的动力，也是检验调研实效的试金石。毛泽东同志曾经指出："什么叫问题？问题就是事物的矛盾。哪里有没有解决的矛盾，哪里就有问题。"在如火如荼的革命年代，调查研究对于总结工作、发现问题、纠正偏差起到了十分重要的作用。1948 年 1 月 4 日，习仲勋同志就调查研究中发现的绥属各县土地改革中出现的问题，专门致信中共中央西北局和中共中央，就区别老区和新区情况提出意见。毛泽东同志回复："我完全同意仲勋同志所提各项意见。望照这些意见密切指导各分区及各县的土改工作，务使边区土改工作循正轨进行，少犯错误。"随后，习仲勋同志还就"分三类地区进行土地改革问题"，提出老解放区、半老解放区、新解放区在实行土改的内容、步骤上应有所不同等建议。这些在深入调研基础上形成的方针、政策，有力推动了各解放区的土地改革。

当前，我国发展面临新的战略机遇、新的战略任务、新的战略阶段、新的战略要求、新的战略环境，各种风险挑战、困难问题比以往更加严峻复杂。越是风险挑战大、问题困难多的时候，越需要把调查研究做深做实，去发现各种突出问题，在研究透彻中找准根源和症结。

实际工作中，有的在调查研究时发现了问题、掌握了问题，却碍于情面，做老好人不得罪人，调研材料讲套话说空话，只表成绩，不谈问题，对普遍的大众问题泛泛而谈，对影响基层发展、困难群众生产生活的难点问题视而不见，敷衍了事，不仅不能解决问题，还成为加深矛盾问题的推手。这种调查研究，非但不能解决问题，反而助长了弄虚作假的歪风。党员干部在调研中要以强烈的责任感和敏锐的洞察力，悉心查找问题，进而掌握解决问题的金钥匙。

（二）在调研中解决问题

毛泽东指出："调查就像'十月怀胎'，解决问题就像'一朝分娩'。调查就是解决问题。"一百多年来，我们党之所以能够不断从胜利走向胜利，始终走在时代前列，一个重要原因就在于能够准确把握各个时期中国社会的主要矛盾，在理论和实践相结合中不断解决前进道路上面临的重大时代课题。

习近平总书记强调："每个时代总有属于它自己的问题，只要科学地认识、准确地把握、正确地解决这些问题，就能够把我们的社会不断推向前进。"他在宁德工作期间，面对当时闽东地区落后面貌和群众脱贫致富的期盼，以深入基层调研起步，建立"四下基层"

机制：宣传党的路线、方针、政策下基层，调查研究下基层，信访接待下基层，现场办公下基层，把调查研究与发展和解决问题结合起来。1988 年 12 月 20 日，首次"地、县领导接待群众来访日"活动在福建霞浦县举办，时任宁德地委书记的习近平同志参加了这次活动，同 102 名来访群众面对面对话，受理各种问题 86 件，其中有 12 件当场答复解决，其余的要求相关部门在一个月内处理完毕。后来，领导干部下基层接待群众来访的做法进一步向面上推开，每个月 20 号，各个县市领导都要安排接待群众来访，了解工作中存在的问题。干部们把这一天叫作联系群众的"公仆日"，老百姓则把这一天称作"连心日"。①

习近平同志在地方工作期间，下基层调研还有一个特点，就是只要有可能，都会根据调研主题带上分管领导参加。在调研中，他和随行的领导一起了解情况、发现问题，并研究提出解决问题的办法，这样就能当场解决一些问题。随行的分管领导了解了实际情况，明白了习书记的思路要求，他们也会更加重视，更加具体地抓好问题的解决和措施的落实。② 在实际工作中，党员干部要充分学习借鉴这些好的工作方法，用心做好功课、提前定好目标任务，对解决什么问题、覆盖哪些对象、确定哪些重点、采取什么方式等做好统筹谋划，切实以问题导向指引调研方向。

---

① 参见中央党校采访实录编辑室，《习近平在宁德》，中共中央党校出版社 2020 年版，第 117 页。
② 参见中央党校采访实录编辑室：《习近平在浙江》（上），中共中央党校出版社 2021 年版，第 274 页。

（三）问题不解决不松劲、解决不彻底不放手

解决问题不是一蹴而就的，有些问题解决了还会衍生出新的更大的问题。邓小平同志曾指出："每一天都要出现新问题，新问题不能拿老办法来解决，只能拿新办法来解决。"党员干部要以持之以恒的态度，切实解决层出不穷的新问题、"老大难"问题，如果不能发现新问题并及时加以解决，新问题就会变成老问题，问题不断叠加，势必埋下隐患。

习近平同志初到正定县工作时，县里按照上级要求，对村级领导班子进行了一次比较大的调整，调整后干部平均年龄下来了，队伍年轻化了。但具体做法是"老中选青"，原来班子里的这些干部，大多数还是"粮棉干部"，只会抓农业，对工副业等产业一点经验都没有。结果是全县调整班子力度倒是挺大，表面上做到了干部年轻化，但工作却没有什么起色，老百姓对此很不满意。习近平同志说："既然老百姓不满意，咱们就下去搞搞调查。咱们县有221个村，看看搞得好的班子是怎么搞的。做一个比较详细的调查研究，并搞一个方案出来。总体来说，选干部，不应'老中选青'，而应'青中选优'，应该把那些懂技术、有能力的人选上来，让他们主持工作。"后来，经过细致的调研，汇集了各种问题，发现并树立了一些做得好的典型。根据调研结果，县里又搞了一次班子调整，把握的原则是：谁能带领群众致富，谁上台。这次调整，使班子成员结构发生了实质性变化，对推动发展发挥了很大作用。[①] 可见，在调研过程中抓问题跟踪解决，

---

① 参见中央党校采访实录编辑室：《习近平在正定》，中共中央党校出版社2019年版，第188页。

不仅可以审视过去推行的政策是否科学、符合群众期待，还可以及时对出现的问题进行调整改进，提升工作水平和成效。

在持续推动问题解决上，党员干部要有充分信心和充足耐心。对一时难以解决的，要着眼于把问题找准、把根源找实、把整改做好，发扬钉钉子精神，主动认领，精准施策，做到问题不解决不松劲，解决不彻底不放手，群众不认可不罢休。

六、督查回访：调查研究的"回马枪"

督查调研和回访调研是实施科学领导、推进工作落实的重要方法。其内在要求是在查清事实的基础上，对推进落实情况差的责任单位进行追踪、督办，并分析研究事物发展的必然联系，从而探索总结出规律。检验调查研究工作的最终实效，不仅要看是否能够解决实际问题，还要看能否形成长效、常效，能否实现"久久为功"。这就需要在调查研究中注重加强督查回访，善于杀"回马枪"。

（一）以督查促落实

督查工作是全局工作不可或缺的一环。对于中央以及各上级机关部门重大决策、重点工作、重要事项贯彻落实得好不好，在实际推进过程中有没有形成正向效应，都要靠督查来检验。督查调研本身既是调查研究工作的重要形式之一，也是督查工作的重要内容之一，只要有工作部署，就要有工作督查，这样才能形成真抓实干、令行禁止的局面。

我们党从成立之初，就十分重视督查工作，善于用督查调研的手段确保党的路线、方针、政策得以贯彻落实。土地革命时期，毛泽东同志曾经指出："党的各级机关解决问题，不要太随便。一成决议，就必须执行。"抗日战争时期，毛泽东同志强调：要"检查他们的工作，帮助他们总结经验，发扬成绩，纠正错误。"解放战争时期，他指出："必须随时掌握工作进程，交流经验，纠正错误，不要等数月、半年以至一年后，才开总结会、算总账，总的纠正。这样损失太大，而随时纠正，损失较少。"毛泽东同志的这些论述，深刻地阐明了督促检查的职能和作用。新中国成立后，我们党进行了"三反五反"、抗美援朝、"三改一化"等重大运动，党中央和各级党委开展了大量的督促检查工作。1958 年，毛泽东同志在《工作方法六十条（草案）》中明确提出"工作检查，党委有责"，这些对于发挥政策指导实践作用、切实推动实际工作落实产生了重要影响。

习近平同志在地方工作期间，非常重视利用督查手段推动决策落实。在浙江工作期间，他强调，做好督查工作，对推动党的路线方针政策和省委重大决策的贯彻落实，对推进各级党委的科学决策、民主决策意义重大。倘若只部署不检查，只吃喝没督查，决策就难以落实。可以说，没有检查就没有落实，没有督查就没有深化。2004 年 1 月 2 日，他在浙江省委办公厅报送的《2003 年督查工作总结和 2004 年思路与重点》上批示："督查工作十分重要，是推动工作落实、保证决策实施的有效形式和重要手段，光有工作部署没有具体落实，等于没有部署，因此必须高度重视督促检查，认真把督查工作抓紧抓好。"①　那时候，他经常要求省委办公厅围绕省委工作重点、改革发展中遇到的难点和基层群众反映的热点，适时组织力量进行督查调研，总结典型经验，分析问题原因，提出解决办法。2002 年，省委省政府确定在丽水市的景宁县和青田县之间建设滩坑水电站。这个区域是深山区，是浙江的贫困地区。建一座水电站，把当地居民移出来安置和就业可以实现全面脱贫。开工两年多后，习近平同志依然十分牵挂那里的 5 万移民，专门作出批示，要求省委办公厅对该地区移民安置和就业情况进行调研。2005 年 6 月，省委办公厅会同有关部门与相关市县的同志，专程到移民的安置地、迁出地开展督查调研，挨家挨户走访了解，发现了一些问题，提出了一些建议。习近平同志看了省委办公厅的调研报告，要求有关领导与相关部门研究解决好移民安置与就业中存在的实际问题。

中央精神和决策部署从来不是管一阵子，而是指导一个时期的工作，在实施过程中不同地方、不同行业、不同领域每年都要考虑怎么深化。这个不断深化的过程如何始终保持决策部署的持效性和影响力，很重要的就是靠督查调研充当"质检员"的角色，持续把关、督查，确保时刻牢记只有把中央精神落到实处，才能收到真切效果。各级党委（党组）要把督查调研作为调查研究的重要环节，尤其是抓好决策督查，督促检查决策实施的进展情况，既要推进工作的"阳光面"总结经验，又要深入查找干扰决策落实或阻碍工作推进的"病灶部位"

---

① 中央党校采访实录编辑室：《习近平在浙江》（下），中共中央党校出版社 2021 年版，第 153 页。

和"梗阻环节",找准病根,分析病因,对症下药,提出科学可行的建议供领导决策参考。工作还有哪些不平衡和滞后的现象,及时发现典型、总结经验、查找差距、鞭策后进、提出建议。要建立调研成果转化运用清单,加强对调研课题完成情况、问题解决情况的督查督办和跟踪问效,及时发现决策不符合实际、需要完善的地方,或执行决策有偏离走样甚至南辕北辙、打着贯彻落实的旗号另搞一套的情况,本着对党的事业高度负责的态度,敢说真话,持续跟进,一督到底,真正确保决策执行和落实经得起实践检验。

(二)回访访出真情实感

回访调研相当于"回头看",是党内常见的督查巡查方式之一,不定时、不定点、不打招呼、"突击检查"、"不按套路出牌",倒逼各地各部门重拾严谨认真的工作态度和务实担当的作风。可以说,回访调研是推动工作发展和问题解决的一剂"良方",也能访出实际工作中的真情实感。

围绕一个重要事项加强回访调研,是习近平总书记一以贯之的重要工作方法之一。在保护生态环境方面,习近平同志曾先后六次就保护秦岭生态环境问题做出重要批示指示,继 2015 年考察陕西之后,他 2020 年时隔五年再到陕西,第一站就来到秦岭牛背梁国家级自然保护区,要求深刻吸取秦岭违建别墅问题的教训,痛定思痛,警钟长鸣。

2021 年 3 月 23 日,习近平总书记到福建三明市沙县夏茂镇俞邦村，详细了解沙县小吃发展现状和前景。其实，这并不是他第一次来到沙县。1999年3月，时任福建省委副书记的习近平同志就曾到沙县考察调研，当时就指出，沙县小吃业的成功之处在于定位准确，填补了低消费的空白，薄利多销，闯出一条路子，现在应当认真进行总结，加强研究和培训，深入挖掘小吃业的拓展空间。2000年8月8日，已担任福建省省长的习近平同志再次来到沙县，在夏茂镇召开座谈会，强调要加强以沙县小吃业为支柱的第三产业，使之成为新的经济增长点。当时在现场的村民林英松后来回忆："习近平省长说，要把小吃产业做好做强，带动农民增收致富。大家听了很受鼓舞，我很快鼓起勇气跑出去开店了！"用现在的眼光来考量，就是要求以产业振兴为乡村振兴蹚出一条新路子。23年后，习近平总书记再次踏上这片土地，在沙县俞邦村寄语沙县小吃："现在的城市化、乡村振兴都需要你们，这就叫作应运而生，相向而行，我希望你们再接再厉，继续引领风骚！"

可见，回访调研可以让被调研的群众打开心扉，还有助于确保决策顺利落地落实。党员干部要注重发挥回访调研的作用，不断发现和解决新的问题，不断梳理提炼工作方法，总结归纳工作经验，确保各项工作扎实推进、取得实效。在方式方法上，既要明察，也要暗访，有时还可"微服私访"，确保了解到实情，防止出现巧言令色、阳奉阴违的现象。对于回访中发现的问题要及时严格处理，做到查必清、办必果。对于需要整改的问题，持续跟进，一督到底，直到彻底整改完成。

后　记

　　调查研究是谋事之基、成事之道。中国共产党历来高度重视调查研究，视之为"传家宝"。党的十八大以来，以习近平同志为核心的党中央坚持调研开局、调研开路，把调查研究作为做好各项工作的基本功，通过调查研究抓科学决策和贯彻落实，为全党大兴调查研究树立了光辉典范。习近平总书记在一系列重要讲话和著作中，对调查研究进行了全面系统阐述，为全党在新时代搞好调查研究提供了根本遵循。

　　为深入学习贯彻习近平新时代中国特色社会主义思想，全面贯彻落实党的二十大精神，党中央决定在全党大兴调查研究，作为在全党开展学习贯彻习近平新时代中国特色社会主义思想主题教育的重要内容，推动全面建设社会主义现代化国家开好局起好步。鉴于此，我们编撰了《新时代调查研究之道》一书，旨在用生动语言研究阐释习近平总书记关于调查研究的重要论述，用鲜活事例或案例讲述革命导师、党的领袖尤其是习近平总书记开展调查研究、进行科学决策的故事，为党员干部提供一本既有学理性又具通俗性的手册性读本。

　　该书数易其稿，是集体智慧的结晶。中央党校（国家行政学院）科研部主任林振义具体组织，敲定提纲和修改书稿，科研部副主任陈远章设计提纲和统稿。多位专家参与研究和编撰，具体分工为：第一章（袁赛男）、第二章（梁军、徐晓明）、第三章（储峰）、第四章（蔡之兵）、第五章（陈双飞）、第六章（张克）、第七章（孙海洋）、第八章（朱培蕾）、第九章（田玉珏）。该书得到了人民出版社的大力支持。在编撰过程中，参考引用了相关资料和研究成果。在此，一并致谢！

囿于时间和水平，不足之处难免，恳请读者朋友批评指正。

2023 年 5 月

责任编辑：陈光耀　刘彦青　祝曾姿

封面设计：石笑梦

图书在版编目（CIP）数据

新时代调查研究之道／中共中央党校科研部　著 . — 北京：人民出版社，
　2023.8

ISBN 978 − 7 − 01 − 025881 − 2

I. ①新… 　II. ①中… 　III. ①中国共产党 − 党的作风 − 调查研究
　IV. ① D261.3

中国国家版本馆 CIP 数据核字（2023）第 153955 号

新时代调查研究之道

XINSHIDAI DIAOCHA YANJIU ZHI DAO

中共中央党校科研部　著

人民出版社 出版发行

（100706　北京市东城区隆福寺街 99 号）

中煤（北京）印务有限公司印刷　新华书店经销

2023 年 8 月第 1 版　2023 年 8 月北京第 1 次印刷
开本：710 毫米 ×1000 毫米 1/16　印张：16.5
字数：183 千字

ISBN 978 − 7 − 01 − 025881 − 2　定价：65.00 元

邮购地址 100706　北京市东城区隆福寺街 99 号
人民东方图书销售中心　电话（010）65250042　65289539